Couverture inférieure manquante

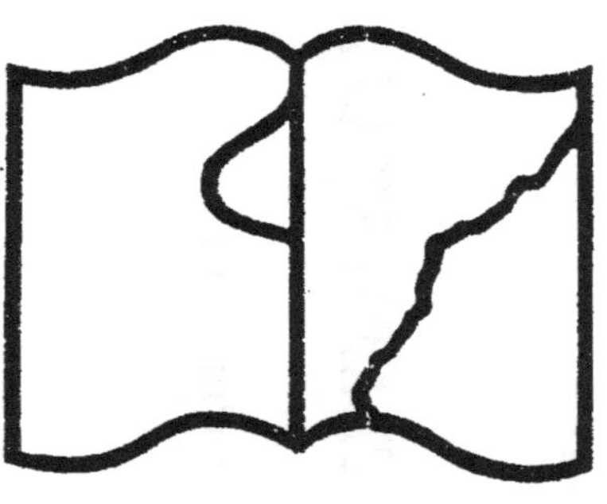

Texte détérioré — reliure défectueuse

NF Z 43-120-11

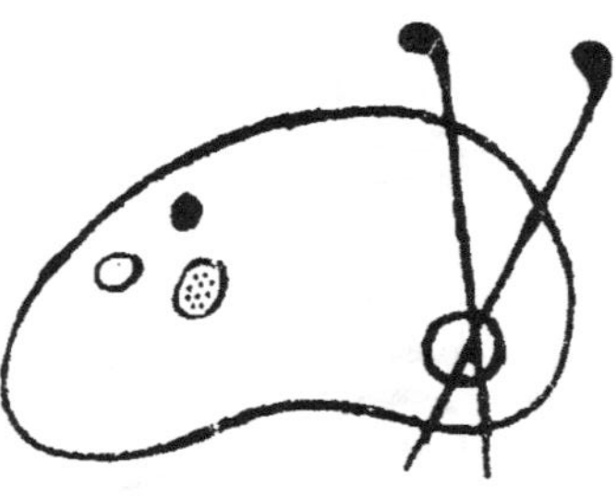

Début d'une série de documents
en couleur

L'INSTITUT DE FRANCE

SON ORIGINE

SES TRANSFORMATIONS, SON ORGANISATION

PAR

Le Comte DE FRANQUEVILLE

MEMBRE DE L'INSTITUT

PARIS
ALPHONSE PICARD & FILS, ÉDITEURS
82, RUE BONAPARTE, 82

1895

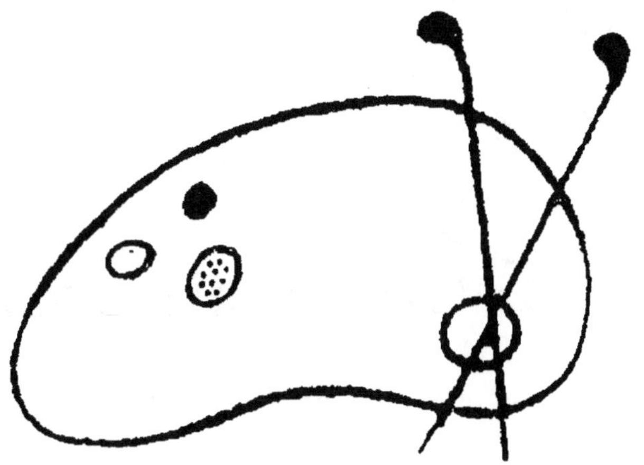

Fin d'une série de documents
en couleur

L'INSTITUT DE FRANCE

SON ORIGINE

SES TRANSFORMATIONS, SON ORGANISATION

PAR

Le Comte DE FRANQUEVILLE

MEMBRE DE L'INSTITUT

PARIS

ALPHONSE PICARD & FILS, ÉDITEURS

82, RUE BONAPARTE, 82

1895

EXTRAIT DU COMPTE RENDU

De l'Académie des sciences morales et politiques

(INSTITUT DE FRANCE)

PAR MM. HENRY VERGE ET P. DE BOUTAREL

Sous la direction de M. le Secrétaire perpétuel de l'Académie

(Séances du 26 janvier et du 16 février 1895.)

L'INSTITUT DE FRANCE

SON ORIGINE, SES TRANSFORMATIONS, SON ORGANISATION.

« Nous vous proposons de créer un Institut national, qui puisse offrir, dans son ensemble, le plus haut degré de la science humaine. Il faut que cet établissement honore non la France seule, mais l'humanité tout entière, en l'étonnant par le spectacle de sa puissance et le développement de sa force... Il doit fixer le résultat des plus belles conceptions de l'esprit humain. Là se retrouveront ces conférences journalières entre les hommes habiles et versés dans les mêmes sciences, dont le résultat doit être d'accroître les richesses de l'imagination et de l'esprit et de diriger le vol du génie vers le but le plus utile et le plus sûr. Vous encouragerez ces travaux communs, desquels jailliront, avec une force doublement active, tous les rayons qui doivent éclairer le monde. »

Tels sont les termes dans lesquels la Commission chargée de préparer la Constitution de 1795 proposait à la Convention nationale la création de l'Institut de France. Deux mois plus tard, la loi du 25 octobre, rendue en exécution de l'article 298 de la Constitution, organisait l'Institut. « Ce sera, disait l'exposé des motifs, l'abrégé du monde savant, le corps représentatif de la république des lettres, l'honorable but de toutes les ambitions de la science et du talent, la plus magnifique récompense des grands efforts et des grands succès ; ce sera, en quelque sorte, un temple national, dont les portes, toujours fermées à l'intrigue, ne s'ouvriront qu'au bruit d'une juste renommée... Là se verront, s'animeront et se comprendront les uns les autres, les hommes les plus dignes d'être ensemble ; ils se trouveront réunis comme les représentants de tous les genres de gloire littéraire. »

Qu'est devenue, pendant le siècle qui s'est écoulé depuis lors, cette grande institution nationale? Comment a-t-elle répondu aux espérances de ses auteurs, quelle gloire a-t-elle donné à la France, quels services a-t-elle rendus à l'humanité? Pour le dire, un long discours n'est pas nécessaire : il suffit de montrer, d'une part, les noms des hommes qui ont successivement siégé dans les cinq Académies, de l'autre, la liste des œuvres dont les membres de l'Institut ont enrichi le domaine des lettres, des sciences et des arts. C'est, d'ailleurs, à la postérité qu'il appartient de porter un jugement définitif sur ce premier siècle de l'Institut. Ceux qui ont eu l'honneur d'appartenir à cette illustre compagnie sont mal placés pour prévenir cet arrêt, mais ils n'ont pas lieu de le craindre et ils peuvent, en l'attendant, former, dans l'intérêt de la civilisation et de la patrie, le vœu qu'Horace jadis adressait au Ciel :

Alterum in lustrum meliusque semper
Proroget ævum !

I

LES ANCIENNES ACADÉMIES.

L'ACADÉMIE DES VALOIS.

Si l'origine de l'Institut ne remonte pas au delà de l'année 1795, celle des Académies est beaucoup plus ancienne. Dès la seconde moitié du XVIe siècle, en 1570, le poète Antoine de Baïf conçut l'idée de former une société de littérateurs et de musiciens « dressée à la manière des anciens » et portant le nom d'Académie. Les statuts de cette compagnie furent soumis à Charles IX, qui autorisa, par des lettres patentes datées du mois de novembre 1570 (1), la fondation

(1) Voici les principaux passages de ce document, dont le texte est conservé à la bibliothèque de l'Arsenal : « Comme nous avons toujours eu en singulière recommandation, à l'exemple de très bonne et louable mémoire le Roy François notre ayeul, de voir partout cestuy nostre royaume les lettres et la science florir... et ayant vu la requeste présentée par... contenant que, depuis trois ans en ça, ils avoyent, avec grande estude et labeur assiduel, unaniment travaillé pour l'avancement du langage français à remettre sus, tant la façon de la poésie que la mesure et le règlement de la musique anciennement usitée par les Grecs et les Romains, au temps que ces deux nations estoient plus florissantes... Savoir faisons que Nous... avons permis et accordé audit de Baïf et de Courville ce qui ensuit : Premièrement qu'ils puissent dresser leur Académie... et à ce que, à nostre intention, ladite Académie soit suivie et honorée des plus grans, Nous avons libéralement accepté et acceptons le surnom de Protecteur, parce que nous voulons et entendons que tous les exercices qui s'y feront soyent à l'honneur et accroissement de Nostre Estat et à l'ornement du nom du Peuple français.

de l'Académie de poésie et de musique et qui accepta le titre de Protecteur. L'enregistrement des lettres royales et des statuts de l'Académie souleva de graves difficultés au Parlement, et l'Université de Paris se montra nettement hostile à la nouvelle institution. Pour vaincre cette opposition, il fallut presque un lit de justice et le Roi dut octroyer de nouvelles lettres, par lesquelles « il défendait que qui que ce fust apportât aucun obstacle au fonctionnement de l'Académie et il évoquait à son conseil tous les différends nés ou à naistre sur ce sujet (1) ». Les premiers *académiques*, c'est ainsi qu'on les désignait alors, furent choisis parmi les poètes qui appartenaient à la Pléiade : Dorat, Ronsard, Jamyn, Jodelle, Belleau et Ponthus de Thiard. Quant à l'objet de leurs travaux, il se trouve résumé dans un compte rendu en vers adressé au Roi par Baïf :

...... Sire, je vous en ren compte
Du temps de vostre absence, et du long, vous raconte
Que c'est que nous faisions. Je di premierement
En vostre académie, on œuvre incessamment
Pour des Grecs et Latins, imitant l'excellence,
De vers et chants reglez décorer vostre France.

. . . .

L'Académie, d'ailleurs, ne cessa pas d'être en butte à de rudes attaques et Baïf dut, maintes fois, réclamer l'appui du Roi (2).

(1) Sainte-Beuve : Tableau de la poésie française au XVIe siècle ; Gouget : Bibliothèque française, t. XIII ; Cuvier : Histoire de l'Université de Paris, t, VI.

(2) Voici en quels termes le poète s'adresse à Charles IX :

Les chiens s'entregrondans, ce sont mes envieux
Qui jettent devant vous des abbois ennuieux
A vostre Majesté contre mon entreprise
Qu'en vostre sauvegarde, ô bon prince, avez prise
Le baston avez pris, le baston vous prendrez
Et, contre le malin, la vertu deffendrez
Aussi nos envieux, car vous pouvez le faire,
Ferez faire tout coy, quand les menasserez !
(Poésies de Baïf, p. 52 : *Au Roi*).

Les dernières années du règne de Charles IX furent malheureusement signalées par de tristes événements et le Monarque, absorbé par d'autres soucis, cessa de s'intéresser aussi vivement aux travaux académiques ; mais, dès l'avènement de Henri III, Guy de Pibrac, qui était non seulement un homme d'État, mais encore un philosophe et un poète, plaida chaudement la cause de l'Académie. En même temps, il proposa d'ajouter à l'étude de la musique et de la poésie, celle des sciences morales et politiques, de la grammaire et de la philologie. Le Roi entra dans ces vues, et se déclara le protecteur de la compagnie ; il décida qu'elle se réunirait dorénavant au Louvre et il lui donna le titre d'*Académie du Palais*.

Il n'existe aucun document qui permette d'apprécier le rôle, ni même de connaître exactement le personnel de « cette noble institution qui promettait des choses merveilleuses, soit pour les sciences, soit pour notre langue (1) ». On sait cependant que le Roi assistait habituellement aux séances, et Ronsard nous apprend que Henri III avait lui-même proposé la question qui fut traitée à la séance d'ouverture, « à scavoir si les vertus morales sont plus louables, plus nécessaires et plus excellentes que les intellectuelles ». Toutefois, l'hostilité contre l'Académie subsistait toujours ; la compagnie fut souvent attaquée directement ou indirectement et, à la mort de Pibrac, en 1584, elle cessa de se réunir. « Elle prit fin, dit Colletet, avec le roi Henri III, et dans les troubles et confusions des guerres civiles de ce royaume (2). »

(1) Colletet : Vie d'Amadis Jamyn. Le *livre d'Institution* de l'Académie, qui contenait tous ces renseignements, fut vendu, comme vieux parchemin, par le fils naturel de Desportes : quelques feuillets seulement en furent retrouvés par Colletet, chez un pâtissier du faubourg Saint-Marcel.

(2) Voir l'*Académie des derniers Valois*, par Edouard Frémy. On trouve, dans cet ouvrage, quantité de détails intéressants.

L'ANCIENNE ACADÉMIE FRANÇAISE.

Ce fut seulement un demi-siècle plus tard que la France se trouva, de nouveau, dotée d'une Académie (1). Dès 1629, quelques hommes ayant le culte des lettres avaient pris l'habitude de se réunir périodiquement chez l'un d'entre eux, Conrart, qui habitait un quartier alors central, la rue Saint-Martin. Leur cercle, d'abord restreint, s'élargit peu à peu et, en 1634, l'un des derniers venus, M. de Boisrobert, ayant fait connaître à Richelieu l'existence de ces réunions, le cardinal demanda « si ces personnes ne voudraient point faire un corps et s'assembler régulièrement et sous une autorité publique (2) ». Non sans hésitation, ni sans regrets, il fut arrêté que M. de Boisrobert serait prié de remercier M. le cardinal, et de l'assurer que l'on suivrait ses volontés : l'on songea, dès lors, à l'établissement d'une compagnie ayant le caractère d'une institution d'État. On résolut d'abord de nommer un directeur, un chancelier et un secrétaire perpétuel, et l'on décida que la compagnie prendrait le titre d'*Académie française ;* enfin, l'on écrivit officiellement au cardinal de Richelieu, pour solliciter sa protection. A cette lettre, datée du 22 mars 1634, était joint un discours destiné à lui faire connaître le but des travaux de l'Académie. Il y était dit que, « de tout temps, le pays que nous habitons avait porté de très vaillants hommes, mais que leur valeur

(1) On peut cependant mentionner l'Académie de musique fondée, en 1589, par Mauduit, les réunions organisées par Marguerite de Valois et les conférences académiques dont parle le chancelier Bacon.

(2) Pellisson : Histoire de l'Académie française, ch. 1. — D'autres auteurs ont vu l'origine de l'Académie dans les réunions qui se tenaient chez Mlle de Gournay, dans celles qui avaient lieu chez le graveur Chauveau, ou dans celles qu'avait organisées Colletet, dans son logis du faubourg Saint-Victor, déjà illustré par les réunions des amis de Ronsard.

était demeurée sans réputation, au prix de celle des Romains et des Grecs, parce qu'ils n'avaient pas possédé l'art de la rendre illustre par leurs écrits... ; que notre langue, plus parfaite déjà que pas une des autres vivantes, pourrait bien enfin succéder a la latine, comme la latine à la grecque, si on prenait plus de soin qu'on n'avait fait jusqu'ici de l'élocution ».

Les statuts ayant été définitivement arrêtés, le Roi sanctionna formellement, par des lettres patentes en date du mois de janvier 1635, la formation de l'Académie (1). Mais, cette fois encore, comme au siècle précédent, on eut à lutter contre l'hostilité du Parlement : il fallut que Louis XIII lui adressât trois lettres de cachet et ce fut seulement le 10 juillet 1637 que l'enregistrement fut ordonné, avec la clause suivante : « A la charge que ceux de ladite assemblée et Académie ne connoitront que de l'ornement, embellissement et augmentation de la langue française, et des livres qui seront par eux faits et par autres personnes qui le désireront et voudront (2) ».

(1) Louis... aussitôt que Dieu Nous eut appelé à la conduite de cet État, Nous eûmes pour but de l'enrichir de tous les ornements convenables à la plus illustre et la plus ancienne de toutes les monarchies qui soient aujourd'hui dans le monde... A ces causes, Nous avons, de Notre grâce spéciale, pleine puissance et autorité royale, permis, approuvé et autorisé, par ces présentes signées de Notre main, lesdites Assemblées et Conférences ; *voulons qu'elles se continuent désormais en notre* bonne ville de Paris, sous le nom de l'Académie française..., que le nombre en soit limité à quarante personnes... Car tel est Notre plaisir.

(2) Il n'est pas sans intérêt, au point de vue historique, de faire ressortir à quel point le pouvoir royal, que l'on représente comme si absolu, était cependant parfois tenu en échec. En janvier 1635, le Roi « ordonne et mande de procéder à l'enregistrement » : le 6 décembre suivant, le cardinal de Richelieu adresse au premier président une lettre pressante ; le 30 décembre, le Roi écrit lui-même aux principaux membres du Parlement et néanmoins l'enregistrement n'eut lieu, et encore sous réserves, qu'au mois de juillet 1637.

L'Académie se composait de quarante membres, qui prirent, en vertu d'une délibération du 12 février 1635, le titre d'académiciens; elle se réunit d'abord chez Conrart, puis, à partir de 1643, elle s'assembla chez le chancelier Séguier. En 1672, à la mort de ce dernier, qui avait succédé à Richelieu, en qualité de protecteur de l'Académie, Louis XIV fit savoir qu'il prendrait lui-même le titre de protecteur et il décida que les séances se tiendraient dorénavant au Louvre.

Deux grands principes avaient été posés dès l'origine: celui de l'égalité absolue des académiens et celui de leur indépendance. L'égalité était, pour les littérateurs, une inestimable conquête : les princes, les prélats, les maréchaux, les plus hauts personnages de l'État, allaient s'asseoir parmi eux, sans aucun honneur distinctif. Quand l'Académie crut devoir remercier Colbert des précieuses faveurs dont il avait été le principal inspirateur, l'illustre ministre demanda qu'on lui donnât le titre de *Monsieur* et non de *Monseigneur* ; plus tard, en 1713, le Roi fit placer, dans la salle des séances, quarante fauteuils qui devinrent le symbole de l'égalité en même temps que de la dignité académique. Sous le règne suivant, un prince du sang, le comte de Clermont, petit-fils du grand Condé, ayant exprimé le désir d'être élu, on le prévint à l'avance que l'ordre de préséance entre les académiciens était exclusivement réglé par la date de leur réception et un membre ayant proposé de remplacer l'élection par l'acclamation, l'Académie refusa de s'écarter des règles ordinaires (1).

(1) Le prince ayant essayé d'éluder cette règle, Duclos répondit fermement : « Nous ne nous persuaderons jamais que nous ayons eu tort de compter sur sa parole... *Nous ne lui aurions jamais donné nos voix*, si nous avions pu supposer que nous nous prêtions à notre dégradation... L'Académie obéirait, en gémissant, aux ordres du Roi, mais elle ne verrait plus que son oppresseur dans un prince qu'elle réclame pour

« L'Académie est libre, disait Voltaire. Le cardinal de Richelieu l'a créée avec cette liberté, comme Dieu créa l'homme. » Ce fut elle-même qui rédigea ses statuts et, dès l'origine, son premier protecteur voulut que tous les membres fussent élus par le libre choix de leurs confrères. Il est vrai que l'article premier des statuts portait que « personne ne sera reçu à l'Académie qui ne soit agréable à M. le Protecteur ». Mais Richelieu respecta constamment les choix de la compagnie, lors même qu'ils lui déplurent et Louis XIV n'abusa pas davantage de son titre de protecteur, pour peser sur les élections académiques. Lorsqu'en 1693, Pontchartrain sollicita et obtint la nomination de son secrétaire La Loubère, le Roi fit écrire à l'Académie, par le président Rose, pour engager la compagnie à « savoir désormais rester plus libre dans ses choix (1), » et, quand le duc du Maine manifesta le désir d'être admis, Louis XIV déclara que le prince était trop jeune pour être académicien. Ce fut cependant sur le désir du Roi que Boileau fut élu avant La Fontaine (2), et ce fut également à l'intervention royale que M. de Clermont-Tonnerre dut son élection ; l'abbé Caumartin, qui le reçut,

juge. » Tel est, dit M. Mesnard, le libre langage que nos pères faisaient entendre aux princes, sous le gouvernement absolu de l'ancienne monarchie. Le comte de Clermont céda et répondit qu'il entrerait comme simple académicien.

(1) Mesnard : Histoire de l'Académie française. — A propos de l'élection de Goibaud-Dubois, en 1693, le secrétaire du Roi écrivait : « Je ne dois pas vous laisser ignorer une circonstance, qui me semble mériter une sérieuse réflexion pour l'avenir, c'est la joie que le Roi a témoignée d'apprendre que nos suffrages ont été libres et sans mélange de la moindre cabale, ni recommandation étrangère ».

(2) Le Roi avait été fort mécontent de la publication des contes licencieux de La Fontaine. Lorsque Boileau fut élu, Louis XIV répondit : « Le choix m'est très agréable et sera généralement approuvé. Vous pouvez maintenant recevoir La Fontaine : il a promis d'être sage ».

ne laissa d'ailleurs pas *ignorer le fait* (1). *Plus tard encore*, la volonté de Louis XIV empêcha la nomination de Chaulieu (2), dont la Muse était trop libre.

Un fait plus grave se produisit, sous le règne suivant. L'abbé de Saint-Pierre, ayant attaqué le Roi, dans sa Polysinodie, fut exclu, en vertu de l'article du règlement aux termes duquel « un académicien qui offense l'honneur de ses confrères doit perdre sa place irrémissiblement », mais le Régent trouva la mesure excessive et le fauteuil ne fut donné qu'après la mort du membre exclu (3). Toutefois, l'intervention du duc d'Orléans avait été purement officieuse, car le titre de protecteur ne lui fut pas conféré ; il appartenait à Louis XV, qui vint lui-même siéger à l'Académie, le 22 juillet 1719.

Quelques années plus tard, en 1727, lorsque Montesquieu se présenta aux suffrages de l'Académie. le cardinal Fleury fit savoir que le Roi ne donnerait pas son agrément à cette

(1) « Quel bonheur pour l'Académie de pouvoir, en même temps, satisfaire à la justice, à son inclination et à la volonté de son auguste protecteur. *Il a voulu que vous fussiez de cette compagnie* et *nous* avons répondu à ses désirs par un consentement unanime. Il sait mieux que personne ce que vous valez, il vous connait à fond, il aime à vous entretenir et, lorsqu'il vous a parlé, une joie se répand sur son visage, dont tout le monde s'aperçoit. » Cette sanglante ironie rappelle le mot de Mme de Sévigné, qui écrivait le 10 décembre 1694, en parlant de ce prélat : « La cour a toujours besoin d'un pareil amusement ».

(2) M. de Lamoignon, que le Roi avait fait indirectement désigner, fut élu, mais il n'accepta point, « exemple unique, dit M. Mesnard, d'un refus qu'un homme honoré du choix de l'Académie lui ait fait éprouver ».

(3) Il n'y avait encore eu à l'Académie que deux exclusions, celle de Garnier *qu'une action déshonorante avait fait rejeter par ses confrères*, et celle de Furetière qui, dans l'affaire du dictionnaire, avait donné tant de scandale par ses factums. Mais ici le cas était différent, l'abbé de Saint-Pierre n'ayant forfait ni à l'honneur ni à ses devoirs envers la compagnie. (Voir Mesnard : Histoire de l'Académie).

nomination, mais le maréchal d'Estrées, qui exerçait alors les fonctions de directeur, défendit avec ardeur la liberté des élections et l'opposition fut levée. Toutefois, les querelles théologiques amenèrent directement ou indirectement plusieurs exclusions (1). L'Académie, pour éviter les avertissements officieux, qui entravaient ses choix, abolit la règle qui exigeait deux scrutins, mais le Roi crut alors nécessaire d'établir plus fermement son autorité et il édicta, le 30 mai 1752, un nouveau règlement donnant au protecteur le droit de *veto* (2). Ce droit, il faut le dire, fut rarement exercé et, la plupart du temps, la volonté royale fléchit devant celle de l'Académie (3).

Si Voltaire, malgré plusieurs lettres *rassurantes* adressées de divers côtés (4), ne put obtenir le fauteuil du cardinal Fleury, il fut élu, en 1746, à la place du président Boulier. A partir de ce moment, la philosophie força les portes de

(1) C'est ainsi que le cardinal Fleury fit écarter Louis Racine et Rollin. En 1743, l'abbé de la Bletterie ayant été élu, le Roi refusa de l'agréer.

(2) Art. 11 : « Si notre approbation et notre consentement ne confirment pas l'élection, elle sera et demeurera nulle ».

(3) Piron et Diderot ne purent être admis, mais Suard et Delille, dont la première élection n'avait pas été confirmée, furent élus une seconde fois, et, cette fois, le Roi donna son approbation.

(4) « Mes sentiments véritables sur ce qui peut regarder l'État et la religion étaient bien connus de M. le cardinal de Fleury... J'aurais fait voir combien j'aime cette religion qu'il a soutenue... ce serait un hommage solennel rendu à des vérités que j'adore et un gage de ma soumission aux sentiments de ceux qui nous préparent, dans le Dauphin, un prince digne de son père » écrivait-il à l'abbé de Rothelin et, plus tard, à l'évêque de Mirepoix « Je peux dire devant Dieu que je suis bon citoyen et vrai catholique, » et au P. de la Tour : « Je veux vivre et mourir tranquille dans le sein de l'Église catholique et romaine. Si jamais on a imprimé, sous mon nom, une page qui puisse scandaliser seulement le sacristain de la paroisse, je suis prêt à la déchirer ».

l'Académie française : d'Alembert fut reçu, en 1754, sans avoir rien à sacrifier de son indépendance, et la plupart des rédacteurs de l'Encyclopédie y entrèrent à sa suite.

Ce ne fut pas, d'ailleurs, sans susciter de vives colères que l'Académie lutta pour maintenir le principe de la liberté de ses choix et de l'indépendance de parole de ses membres. Elle fut gravement menacée par Maupeou et, plus tard, par Maurepas et par le comte de Provence, mais ce ne fut pas du côté de la Cour que devait se trouver pour elle le plus grave danger ; ce fut de son sein même que partit le premier coup qui l'ébranla et le premier réquisitoire dressé contre elle, au moment de la Révolution, fut rédigé par Chamfort. Le 5 août 1793, l'Académie française se réunit pour la dernière fois : quelques jours plus tard, elle avait cessé d'exister, on verra plus loin dans quelles circonstances.

L'ACADÉMIE ROYALE DES INSCRIPTIONS ET BELLES-LETTRES

Louis XIV, particulièrement jaloux de transmettre à la postérité le souvenir de sa gloire, ne se contentait pas de faire ériger en son honneur des édifices et des statues ; il attachait une grande importance aux inscriptions qui devaient figurer sur les nouveaux monuments ou sur les médailles destinées à rappeler les principaux événements de son règne. C'est pourquoi, en 1663, il choisit quatre membres de l'Académie française, pour former une sorte de commission chargée de rédiger chacune des inscriptions, devises ou légendes (1) ? Cette compagnie,

(1) Ces origines sont rappelées dans les Lettres patentes données à Marly, au mois de février 1713 : « Louis... Nous choisîmes, en 1663, parmi ceux qui composaient l'Académie française, un petit nombre de savants les plus versés, pour travailler aux inscriptions, aux devises, aux médailles et pour répandre, sur tous les monuments de ce genre, le goût et la noble simplicité qui en font le prix. Tournant ensuite nos vues du côté des sciences et des arts, nous formâmes, en 1666 une

comme on disait alors, s'assemblait chez Colbert, qui lui transmettait les ordres du Roi ; on lui donna le surnom de *Petite Académie*. Plus tard, Louvois, désirant confier aux académiciens des travaux plus importants, fit porter à huit le nombre des fauteuils. Bientôt la compagnie prit officiellement le titre d'*Académie des Inscriptions et médailles* et, sous l'impulsion de Pontchartrain et de l'abbé Bignon son neveu, elle tendit à devenir une véritable Académie d'histoire et de belles-lettres. Le 16 juillet 1701, parut un nouveau règlement, qui fixait le nombre des membres à quarante, dont dix honoraires, dix pensionnaires, dix associés et dix élèves. Le recrutement des membres honoraires, des pensionnaires et des associés avait lieu par voix d'élection : l'Académie désignait pour chaque place deux candidats, entre lesquels le Roi avait le choix, mais les pensionnaires ne pouvaient être pris que parmi les associés et les élèves ; quant à ces derniers, ils étaient à la désignation individuelle des pensionnaires : chacun avait le sien, mais les choix devaient être agréés par l'Académie et par le Roi.

Une ordonnance royale avait désigné les premiers membres : elle maintenait, dans la classe des pensionnaires,

Académie des sciences, composée des personnes les plus habiles dans toutes les parties des mathématiques et de la physique... L'estime et la réputation que ces compagnies ont acquises, depuis ce temps-là, nous engagent de plus en plus à donner une forme stable et solide à des établissements si avantageux. A ces causes, Nous avons permis, approuvé et autorisé les assemblées et conférences des membres qui composent lesdites deux Académies, comme, par ces présentes, Nous les instituons et établissons, l'une sous le titre d'Académie royale des Inscriptions et Médailles, et l'autre sous celui d'Académie royale des Sciences... Voulons pareillement qu'elles continuent de tenir leurs assemblées dans les appartements que nous leur avons assignés, au Louvre ». Ces lettres ont été enregistrées au Parlement le 3 mai 1713 et à la Chambre des comptes le 30 mai 1713.

les académiciens qui faisaient déjà partie de la compagnie ; elle conférait le titre de membre honoraire à des hommes connus par leur goût pour les lettres savantes, et celui d'associé à des érudits éminents, que d'autres occupations empêchaient de se livrer exclusivement à l'étude. Le 16 juillet 1701, l'Académie royale des Inscriptions et médailles commença ses travaux ; elle devint dès lors complètement indépendante de l'Académie française et siégea au Louvre dans un local spécialement affecté à son usage.

Le domaine que le règlement de 1701 assignait à la compagnie était très vaste : il ne comprenait plus seulement les monnaies et médailles, mais encore les antiquités et monuments de la France et la connaissance de l'antiquité grecque et latine (1). Cette dernière espèce d'érudition qui était indiquée comme un des objets les plus dignes de l'application des académiciens, allait devenir le principal objet de leurs travaux.

Au mois de février 1713, des lettres patentes enregistrées au Parlement, le 13 mai suivant, confirmèrent l'établissement de l'Académie et, trois ans plus tard, sur l'initiative du Régent, l'ancien titre fut modifié par un arrêt du Conseil d'État du 4 janvier 1716, portant que la compagnie serait dénommée

(1) « L'Académie s'appliquera à faire des médailles sur les principaux événements de l'histoire de France : elle travaillera à l'explication de toutes les médailles, médaillons, pierres et autres raretés antiques et modernes, comme aussi à la description de toutes les antiquités et monuments de la France... Elle veillera à ce qui peut contribuer à la perfection des inscriptions et légendes, des dessins de monuments et décorations, sur lesquelles elle aura à statuer, comme aussi à la description de tous ces ouvrages faits ou à faire et à l'explication historique des sujets par rapport auxquels ils auront été faits et, comme la connaissance de l'antiquité grecque et latine et des auteurs de ces deux langues est ce qui dispose le mieux à réussir dans ce genre de travaux, les académiciens se proposeront tout ce que renferme cette espèce d'érudition comme un des objets les plus dignes de leur application. »

à l'avenir *Académie des Inscriptions et Belles-Lettres*. En même temps, les dix places d'élèves furent supprimées, et le nombre des associés porté de dix à vingt, dont quatre pouvaient être choisis parmi les étrangers.

En examinant la quantité considérable de sujets qui ont occupé, pendant le XVIIIe siècle, l'attention de l'Académie, on est frappé tout ensemble de leur importance et de leur variété. Ils embrassent non seulement l'antiquité classique et les antiquités nationales, mais encore les religions et les législations anciennes, les doctrines philosophiques, la chronologie, l'épigraphie, la géographie, la linguistique, l'histoire littéraire, l'étude de l'hébreu, de l'arabe, du persan et du chinois, les antiquités de l'Inde, de la Phénécie et de l'Égypte, enfin les littératures étrangères.

En dehors de ses travaux ordinaires, l'Académie entreprenait de vastes publications, telles que la Collection des ordonnances des rois de France, et les Notices et extraits des manuscrits de la bibliothèque du roi; elle encourageait les admirables travaux des bénédictins, la *Gallia Christiana*, le Recueil des historiens des Gaules et de la France, l'Histoire littéraire de la France; enfin par ses concours, elle provoquait des études sérieuses sur une quantité de sujets.

Son personnel, moins brillant que celui de l'Académie française, se composait surtout de prêtres, de religieux et de savants d'une condition modeste; seuls, les membres honoraires appartenaient à la noblesse. Toutefois, son autorité était considérable, non seulement en France, mais encore à l'étranger, elle grandissait chaque jour, et les académiciens se montraient de plus en plus jaloux du recrutement de leur compagnie. Tandis qu'à l'origine, tous les membres avaient été exclusivement choisis parmi ceux de l'Académie française, l'Académie des Inscriptions se préoccupa, de plus en plus, de faire des choix indépendants, et elle finit par exiger de tout candidat l'engagement formel de ne se présenter jamais au choix de l'autre compagnie.

La constitution de l'Académie des Inscriptions subit, en 1785, une dernière modification : le Roi créa une classe nouvelle, celle des associés libres résidants, composée de huit membres, et le nombre des pensionnaires fut porté de dix à quinze. Enfin, un nouveau règlement, en date du 22 décembre 1786, fixa comme il suit la composition de l'Académie : dix académiciens honoraires, quinze pensionnaires et quinze associés, plus vingt associés libres. Pour les places d'honoraire et d'associé, l'Académie présentait un seul candidat à l'agrément du Roi ; pour les fauteuils de pensionnaires, elle lui soumettait les noms de deux associés.

Au moment où intervint cette mesure, les jours de la compagnie étaient comptés ; cependant, malgré les menaces suspendues sur leur tête, les membres continuaient à s'assembler régulièrement et, le 2 août 1793, au milieu de la Terreur, ils entendirent une lecture de Sainte-Croix sur les assemblées amphictyoniques : ce fut leur dernière séance : six jours plus tard, la loi du 8 août mettait fin à l'existence de l'Académie (1).

L'ACADÉMIE ROYALE DES SCIENCES.

Au moment où naissait la *petite Académie*, la France possédait déjà une sorte d'Académie des sciences, mais cette compagnie n'avait aucun caractère officiel. C'était une réunion de savants, qui, depuis trente ans environ, s'assemblaient, chaque semaine, soit chez le maître des requêtes Montmort, soit chez Melchisédec Thévenot. Descartes, Pascal, Gassendi, pour ne citer que les plus illustres, faisaient partie de cette réunion. Dans le domaine des sciences, comme dans celui de la littérature, l'initiative individuelle avait devancé l'action gouvernementale.

Colbert, informé de l'existence de cette société, proposa

(1) M. Alfred Maury a écrit l'histoire de l'ancienne Académie des Inscriptions et belles lettres.

au Roi de la transformer en institution d'État : ainsi fut établie l'Académie royale des sciences. Sa première séance fut tenue, le 22 décembre 1666, dans une des salles de la bibliothèque du Roi. Les débuts furent, d'ailleurs, modestes et, dans les dernières années du XVIIe siècle, l'Académie était tombée, dit Fontenelle, « dans une sorte de langueur, dont elle ne pouvait sortir que par une réorganisation. » Pontchartrain résolut d'entreprendre cette grande œuvre et de donner à l'Académie une nouvelle splendeur. De concert avec l'abbé Bignon, son neveu, il prépara un règlement, que Louis XIV revêtit de sa signature, le 26 janvier 1699.

L'Académie des sciences comprenait désormais dix membres honoraires, vingt pensionnaires, vingt associés, dont huit pouvaient être étrangers, vingt élèves et quatre associés libres. Les membres honoraires devaient, aux termes du règlement, » être recommandables par leur intelligence dans les mathématiques et la physique » ; ces places étaient réservées à de grands personnages. Les pensionnaires étaient les véritables académiciens : ils comprenaient trois géomètres, trois astronomes, trois mécaniciens, trois anatomistes, trois chimistes, trois botanistes, plus un secrétaire et un trésorier ; chacun d'eux avait un élève.

Toutefois, l'Académie des sciences n'avait pas une liberté égale à celle de l'Académie française. Pour remplir les places d'honoraires, la compagnie devait présenter un seul nom à l'agrément du Roi, mais, pour celles de pensionnaires, elle devait proposer trois candidats, dont deux au moins choisis parmi les associés et les élèves, et pour celles d'associés, elle soumettait au Roi deux noms, dont l'un, au moins, devait être celui d'un élève. Le Roi s'était réservé la nomination du président et du vice-président, qui, en fait, étaient toujours choisis parmi les membres honoraires ; il s'était même attribué le droit de désigner, parmi les pensionnaires, le directeur et le sous-directeur annuels, qui avaient la présidence effective des séances ordinaires.

Cependant la compagnie ainsi reconstituée était devenue trop nombreuse pour siéger dans le local qui lui avait été jusqu'alors affecté : Louis XIV lui donna les appartements que lui-même avait naguère occupés dans le vieux Louvre. A partir de cette époque, l'Académie déploya une remarquable activité ; elle se mit en rapports réguliers avec les savants de la France et de l'étranger, et elle fit accorder, par le Roi, un certain nombre de missions scientifiques. Jalouse de maintenir la haute situation qu'elle avait promptement acquise, elle eut soin d'attirer tous les hommes qui s'étaient fait un nom dans les sciences et, tandis que l'Académie française préférait trop souvent des grands seigneurs ou des courtisans à des littérateurs, on peut dire que l'Académie des sciences ne négligea de recevoir aucun des savants dont le nom avait quelque illustration.

La constitution de la compagnie demeura intacte jusqu'aux dernières années du règne de Louis XVI : elle fut modifiée par une ordonnance royale du 23 avril 1785. L'Académie fut désormais divisée en deux classes : celle des sciences mathématiques et celle des sciences physiques. Chaque classe comprenait quatre sections respectivement composées de trois pensionnaires et de trois associés (1). Il y avait, en outre de ces quarante-huit membres, douze associés libres et huit associés étrangers.

De longues pages seraient nécessaires pour résumer l'œuvre de cette illustre compagnie, et pour énumérer les découvertes qu'elle a provoquées, les admirables travaux de ses membres, les publications qu'elle a faites ou encouragées, les progrès dus à son initiative aussi bien dans le domaine théorique que dans l'application pratique des sciences. Ces

(1) *Sciences mathématiques* : 1° géométrie, 2° mécanique, 3° astronomie, 4° physique générale : *Sciences physiques* : 1° anatomie, 2° chimie et métallurgie, 3° botanique et agriculture, 4° minéralogie et histoire naturelle.

grands services rendus à la patrie et à l'humanité ne lui firent cependant pas trouver grâce devant la Convention. Sa fin fut aussi noble que l'avait été sa vie. Fourcroy ayant proposé, le 25 août 1792, de rayer de la liste de l'Académie les membres émigrés ou connus pour leur incivisme, la motion fut rejetée à l'unanimité. Le 28 novembre suivant, Lalande annonça que la Convention faisait défense aux Académies d'élire de nouveaux membres et, le 21 décembre, la compagnie s'assembla pour la dernière fois. Il est vrai que l'arrêté fut rapporté, le 17 mai 1793, en ce qui concerne spécialement l'Académie des sciences, mais la haine qu'inspiraient tous les corps constitués (1) l'emporta sur la sympathie et l'admiration que les représentants éprouvaient pour l'Académie des sciences : la loi du 8 août 1793 frappa toutes les Académies sans exception. Ce fut vainement que, le 14 du même mois, Lakanal fit voter une résolution portant que « les membres de la ci-devant Académie des sciences continueront de s'assembler pour s'occuper spécialement des objets qui leur auront été ou pourront leur être renvoyés par la Convention nationale. » L'Académie n'existait plus (2), et ses membres étaient déjà dispersés ; l'échafaud attendait les uns, l'indigence les autres, mais tous avaient le droit de dire avec Lavoisier : « Nous pouvons regarder avec confiance et

(1) « Non seulement, dit M. Jules Simon, la Convention de 1793 ne voulait plus de corps privilégiés, mais elle ne voulait plus de corps. Elle chassait l'Académie française avec colère, et l'Académie des sciences avec respect ; la première, parce qu'elle était l'Académie française et la seconde parce qu'elle était une Académie. Et, de même que l'Assemblée constituante avait pris soin de déclarer que plusieurs des congrégations religieuses qu'elle supprimait avaient bien mérité de la patrie, comme pour mieux marquer qu'elle obéissait à un principe, la Convention plaça côte à côte, dans le même décret, la suppression et l'éloge de l'Académie des sciences. (*Une Académie sous le Directoire*, ch. I.)

(2) Voir pour l'histoire de l'Académie : *l'Ancienne Académie des Sciences*, par Alfred Maury.

notre vie passée et le jugement qu'on en portera, peut-être avant quelques mois. »

L'ACADÉMIE ROYALE DE PEINTURE ET DE SCULPTURE

En dehors des trois grandes Académies, dont le nom, les attributions et l'organisation rappellent ceux des compagnies actuellement existantes, il en était une qui présentait un caractère assez différent.

Depuis longtemps, la corporation de Saint-Luc, établie en 1391, exerçait une véritable persécution contre les artistes indépendants, et même contre les peintres et les sculpteurs ayant un brevet du Roi. Ses exigences étaient devenues si exorbitantes que Charles Lebrun résolut d'en affranchir ses confrères, en fondant une Académie de peinture et de sculpture. Lesueur, La Hyre, Sarrazin et Bourdon se joignirent à lui et, le 27 janvier 1648, M. de Charmois, qui avait chaudement embrassé leur cause, présenta leur requête au Conseil de régence. Le vœu des artistes fut immédiatement exaucé, et il ne resta plus qu'à rédiger les statuts de la nouvelle Académie. La compagnie devait comprendre un chef, M. de Charmois, deux syndics qui furent bientôt supprimés, un secrétaire archiviste, et douze *anciens*, que l'on qualifia ensuite du nom de *professeurs*.

Ces règlements furent complétés par une ordonnance royale du 24 décembre 1654, et un brevet du Roi, enregistré au Parlement le 23 juin 1655, accorda à l'Académie l'exemption des lettres de maîtrise, un logement au Collège de France (1) et quelques-uns des privilèges dont jouissait l'Académie française (2). On peut ajouter que, malgré l'éclatante

(1) En 1692, l'Académie fut installée au Louvre.

(2) Cependant le titre de protecteur n'était pas porté par le Roi. Les protecteurs de l'Académie ont été successivement : le chancelier Séguier (1648), Colbert (1672), Louvois (1683), Mansard (1699), le marquis d'Antin (1708), et le cardinal Fleury (1737).

protection, dont Colbert couvrit la compagnie, malgré plusieurs arrêts du Parlement, l'Académie de Saint-Luc ne se tint pas pour battue et la lutte ne cessa définitivement qu'après la déclaration de Louis XVI, en date du 15 mars 1777 (1).

(1) Louis, etc. Les arts de peinture et de sculpture, qui font partie des arts libéraux, ont été destinés dans tous les temps, chez les peuples éclairés, à concourir à la gloire nationale, par des monuments qui conservent la mémoire des actions vertueuses, des travaux utiles et des hommes célèbres : c'est par ces motifs que, transportés d'Italie et France par François Ier, ils ont été depuis chéris et particulièrement protégés par la plupart des rois, nos prédécesseurs, etc., etc. — Ces avantages auraient dû assurer à la peinture et à la sculpture une distinction particulière, et faire jouir ceux qui les exercent des mêmes droits dont jouissent ceux qui font profession des arts libéraux ; c'est pourquoi, par notre édit du mois d'août dernier, portant nouvelle création de communautés d'arts et métiers, Nous avions déjà fait connaître que les arts de peinture et de sculpture ne doivent point être confondus avec les arts mécaniques, et Nous leur avions rendu cette liberté dont ils eussent dû jouir dans tous les temps. Néanmoins, l'intérêt que Nous prenons à tout ce qui peut honorer et encourager des arts aussi estimables et aussi utiles Nous a fait juger digne de Notre attention de manifester plus expressément Notre volonté sur ce sujet, et d'accorder à ces arts des distinctions particulières et des encouragements propres à les diriger vers leur but et leur perfection. Nous avons jugé à propos d'établir, dans cette déclaration, toutes Nos vues sur ce sujet et de donner la forme la plus utile à notre Académie royale de peinture et de sculpture. A ces causes, et autres à ce Nous mouvant, de notre certaine science, pleine puissance et autorité royale, avons dit, déclaré, ordonné, etc.

Art. Ier. — Les arts de peinture et de sculpture seront et continueront d'être libres, tant dans notre bonne ville de Paris que dans toute l'étendue du royaume, lorsqu'ils seront exercés d'une manière entièrement libérale... Voulons qu'à cet égard ils soient parfaitement assimilés avec les lettres, les sciences et les autres arts libéraux, spécialement l'Architecture, en sorte que ceux qui voudront exercer de cette manière les susdits arts, ne puissent, sous quelque prétexte que ce soit, être troublés ni inquiétés par aucun corps de communauté ou maîtrise.

Le Statut qui accompagnait cette déclaration modifiait les anciens règlements. Désormais, l'Académie était administrée par un corps de dignitaires, comprenant un directeur, un chancelier, quatre recteurs, deux adjoints à recteur, seize honoraires dont huit amateurs et huit associés libres, douze professeurs, six adjoints à professeur, huit conseillers, un trésorier et un secrétaire perpétuel. Il y avait, en outre, des académiciens honoraires. Tous ces titres étaient conférés par l'élection.

Dans cette organisation, comme dans celle qui l'avait précédée, le nombre des académiciens était illimité, les femmes même étaient admises *(1)*. *Enfin il y avait des agrégés*, dont chacun était tenu de présenter un morceau de réception pour devenir académicien. L'agrégé qui, après trois années, négligeait de solliciter son admission était déchu de tout droit, mais cet article des règlements fut observé si peu sérieusement qu'en 1790, sur quarante-quatre agrégés, sept seulement s'étaient fait recevoir académiciens et quelques-uns promettaient, depuis trente-huit ans, leur morceau de réception.

En fait, l'Académie de peinture et de sculpture avait un caractère mixte : elle était une école, en même temps qu'une compagnie. Elle différait profondément des trois autres Académies, puisqu'elle n'était pas un corps absolument fermé et limité, et que l'accès en était relativement aisé (2). Quoi qu'il en soit, elle ne put échapper au sort commun. Attaquée non seulement par ses envieux, mais encore par l'un des siens, David, elle disparut pendant la tourmente révolutionnaire.

(1) Leur nombre ne fut jamais bien considérable. En 1783, on en avait fixé le maximum à quatre.

(2) Déjà, en 1684, Louvois recommandait à l'Académie « de ne recevoir aucune personne qui ne soit d'un très grand mérite et digne d'entrer dans la compagnie ». En fait, le nombre des académiciens a toujours été trop considérable.

L'ACADÉMIE ROYALE D'ARCHITECTURE.

Le tableau des institutions antérieures à la Révolution française sera complet, lorsque j'aurai parlé de l'Académie royale d'architecture. On considère que cette compagnie doit son origine à la création d'un Conseil des Bâtiments, nommé, en 1665, par Colbert, pour examiner les projets d'achèvement du Louvre présentés par Perrault (1). Quoi qu'il en soit, l'Académie fut établie, quelques années plus tard et elle tint sa première séance, le 31 décembre 1671, au Palais royal, sous la présidence de Colbert. Toutefois, ce fut seulement au mois de février 1717 que le duc d'Antin fit donner à l'Académie les lettres patentes qui lui manquaient et des statuts ou règlements (2). Le nombre des fauteuils fut alors porté de huit à vingt-quatre : les académiciens étaient répartis en deux classes : la première comprenait dix architectes, un professeur et un secrétaire, la seconde douze architectes. Tous devaient séjourner à Paris, et ceux de la première classe, qui seuls portaient le titre d'architectes du Roi, ne pouvaient

(1) Charles Perrault, dans ses Mémoires, nous apprend quelle fut l'origine de ce Conseil. « Quelque connaissance, dit-il, qu'eût M. Colbert de la capacité de mon frère dans l'architecture, je m'aperçus qu'il hésitait à faire exécuter son dessin, et qu'il lui semblait étrange de préférer les pensées d'un médecin, en fait d'architecture, aux desseins du plus célèbre des architectes. L'envie des maîtres du métier, à Paris, ne manqua pas de s'élever contre cette résolution, et de faire de mauvaises plaisanteries, en disant que l'architecture devait être bien malade puisqu'on la mettait entre les mains des médecins. Pour éviter toutes les difficultés au sujet de l'exécution du dessin de mon frère, je donnai un mémoire à M. Colbert, où je lui proposai de former un Conseil des Bâtiments.

(2) On lit dans ce document : Comme l'architecture doit avoir la prééminence sur les autres ouvrages, qui ne servent pour ainsi dire d'ornements que dans les différentes parties des édifices, nous avons résolu de confirmer l'établissement de l'Académie d'architecture, qui a été projeté et résolu, dès l'année 1671, à l'instar des autres Académies.

exercer les fonctions d'entrepreneurs, qui étaient permises aux membres de la seconde classe, mais seulement pour les bâtiments royaux. Quand il y avait lieu de remplir une vacance dans la première classe, l'Académie présentait trois membres de la seconde classe, parmi lesquels le Roi choisissait le titulaire du fauteuil. Les membres de la seconde classe étaient, de même, nommés par le Roi, sur une liste de trois candidats proposés par l'Académie. Le nombre des académiciens fut porté de douze à vingt, au mois de juillet 1728, puis réduit à seize, en 1756.

Les statuts primitifs furent modifiés, par des lettres-patentes de novembre 1775. L'Académie fut dès lors composée : 1° d'académiciens architectes divisés en deux classes ayant chacune seize membres, plus un directeur appartenant à la première ; 2° d'honoraires associés libres, au nombre de six ; 3° de correspondants ou associés étrangers et régnicoles, au nombre de douze. Le premier architecte du Roi était toujours directeur de l'Académie ; il présidait en l'absence du surintendant des Bâtiments.

Les fonctions de l'Académie n'étaient pas seulement pratiques; en dehors des monuments dont on leur soumettait les plans ou dont on leur confiait la surveillance, les membres se livraient aux études théoriques les plus sérieuses.

La politique avait toujours été étrangère à ces hommes de labeur et de science, auxquels la France doit quelques-uns de ses plus beaux monuments. L'Académie d'architecture n'en subit pas moins le sort commun et, le 5 août 1793, elle s'assembla pour la dernière fois.

LA SUPPRESSION DES ACADÉMIES.

Je n'entreprendrai pas de recommencer le récit, déjà fait maintes fois (1), des circonstances qui, pendant l'une des

(1) Voir notamment : *Une Académie sous le Directoire*, par M. Jules

plus sombres et des plus honteuses époques de notre histoire, amenèrent la dissolution des cinq Académies. Je rappellerai seulement que ces illustres compagnies furent vivement attaquées, dès le début de la Révolution française. Toutefois, malgré la fièvre de destruction qui régnait alors, on hésita quelque temps avant de porter la main sur ces grandes institutions et l'on s'y reprit à plusieurs fois avant de se résoudre à les détruire. On parla d'abord de les réformer, puis de les remplacer. Enfin, le premier coup fut porté en 1792 : un décret, daté du 13 novembre, interdit aux Académies de procéder à de nouvelles élections. L'année suivante, on osa plus : la loi du 8 août 1793, rendue sur le rapport de l'abbé Grégoire, prononça la suppression de toutes les Académies (1).

L'idée de cette destruction absolue n'avait pu trouver accès que dans la Convention, et, dans la Convention, sous la Terreur. Encore sembla-t-il que l'Assemblée n'osât pas accomplir, sans réserves, son œuvre de vandalisme. Le Comité de l'instruction publique lui avait présenté un décret qui posait le principe d'une future résurrection des sociétés savantes(1) : cette dernière disposition ne fut pas absolument repoussée, on se contenta de l'ajourner.

Cependant, la Convention n'avait pas seulement anéanti les institutions : non contente de déclarer que la littérature était inutile et que la République n'avait pas besoin de savants, elle avait frappé ou dispersé la plupart des hommes dont le nom était la gloire de la France. Lavoisier, Bailly, Bochard de Sarron, Malesherbes, Dietrich, Nicolaï, Lefèvre d'Or-

Simon, chap. I, et le mémoire lu par M. Aucoc à une séance trimestrielle de l'Institut et publié sous le titre de : *l'Institut et les Anciennes Académies.*

(1) Art. 1er. Toutes les Académies et sociétés littéraires patentées ou dotées par la nation sont supprimées.

(2) Art. 3. La Convention nationale charge son Comité de l'Instruction publique de lui présenter incessamment un plan d'organisation d'une société destinée à l'avancement des sciences et des arts,

messon, Sandricourt, de Saint-Simon furent guillotinés ; le duc de la Rochefoucauld massacré par les soldats de Santerre ; Condorcet et Chamfort, d'autres encore, dit-on, mirent fin à leurs jours pour éviter une mort plus cruelle ; Loménie de Brienne mourut en prison ; le maréchal de Beauvau, Lemierre, Vicq-d'Azir et Dionis du Séjour périrent de douleur, d'effroi ou de misère ; le duc de Nivernois, l'abbé Barthélemy, La Harpe, Roquelaure, le doux Florian lui-même étaient emprisonnés ; les cardinaux de Bernis et de Rohan, le duc d'Harcourt, Boisgelin de Cucé, Choiseul-Gouffier, Maury, Boufflers, Montesquiou, avaient dû fuir à l'étranger ; d'Aguesseau et Marmontel s'étaient cachés pour laisser passer l'orage. Ainsi avaient fini les Académies, par le martyre, la prison et l'exil.

Après un intervalle de deux années, la Convention, enfin délivrée de la faction qui la dominait en la décimant, remplaça les Académies par l'Institut.

II

ORIGINE ET TRANSFORMATIONS DE L'INSTITUT.

Le 22 août 1795, la Constitution que la Convention nationale venait d'adopter fut officiellement promulguée. Son article 298 était ainsi conçu : « Il y a, pour toute la République, un Institut national chargé de recueillir les découvertes, de perfectionner les arts et les sciences ». Deux mois plus tard, la loi organique du 25 octobre 1795 (3 brumaire, an IV) organisait l'Institut. La nouvelle institution, dont la première République dotait la France, a été plusieurs fois modifiée entre ce jour et celui où la troisième République en célèbre le centenaire. Son histoire se divise naturellement en quatre périodes d'inégale étendue, qui finissent respectivement le 23 janvier 1803, le 21 mars 1816, le 26 octobre 1832 et le 25 octobre 1895.

I. — PREMIÈRE PÉRIODE (1795-1803).

Aux termes de la loi de 1795, l'Institut se composait de trois classes, divisées en sections : il y avait, en tout, vingt-quatre sections comprenant chacune six membres, ce qui donnait un total de cent quarante-quatre fauteuils.

En outre, chaque classe avait huit associés étrangers et des associés non résidants en nombre égal à celui des membres titulaires. La répartition avait été ainsi établie :

PREMIÈRE CLASSE. Sciences physiques et mathématiques. — 60 membres, 8 associés étrangers, 60 associés non résidants.	1. Mathématiques 2. Arts mécaniques 3. Astronomie. 4. Physique expérimentale. 5. Chimie. 6. Histoire naturelle et Minéralogie. 7. Botanique et Physique végétale. 8. Anatomie et Zoologie. 9. Médecine et Chirurgie. 10. Économie rurale et Art vétérinaire.
DEUXIÈME CLASSE. Sciences morales et politiques. — 36 membres, 8 associés étrangers, 36 associés non résidants.	1. Analyse des sensations et des idées. 2. Morale. 3. Science sociale et Législation. 4. Économie politique. 5. Histoire. 6. Géographie.
TROISIÈME CLASSE. Littérature et Beaux-Arts. — 48 membres, 8 associés étrangers, 48 associés non résidants.	1. Grammaire. 2. Langues anciennes. 3. Poésie. 4. Antiquités et Monuments. 5. Peinture. 6. Sculpture. 7. Architecture. 8. Musique et Déclamation.

Cette organisation différait très profondément, tout au moins quant à la forme, de celle des anciennes Académies supprimées en 1793.

Le premier et le plus frappant caractère de la nouvelle institution, c'était l'unité. L'idée de réunir, en un faisceau les sciences, les lettres et les arts n'était pas absolument nouvelle et, dès 1666, Colbert avait songé à établir une Académie générale, composée, dit Fontenelle (1), « de tout ce qu'il y aurait de gens les plus habiles en toutes sortes de littérature. Les savants en l'histoire, les grammairiens, les mathématiciens, les philosophes, les poètes, les orateurs devaient être également de ce grand corps, où se réunissaient et se conciliaient tous les talents les plus opposés... Sur quelle matière ces États généraux n'eussent-ils pas été prêts à répondre ? » Le projet fut abandonné ; la Convention le reprit en le complétant et elle attacha un grand prix à maintenir fermement le principe de l'unité des diverses classes. « On ne peut calculer, lit-on dans le rapport, les heureux résultats d'un système qui doit tenir les sciences et les arts dans un éternel rapprochement et les soumettre à une réaction habituellement réciproque de progrès et d'utilité ».

Les conséquences furent poussées très loin et, non seulement le règlement stipula que les membres des trois classes auraient le même titre, les mêmes droits, les mêmes fonctions, les mêmes honneurs, le même costume et la même indemnité, mais encore il fut établi que nul ne pourrait faire partie de deux classes, et que tout académicien aurait le droit de siéger dans chacune des classes et d'y prendre la parole. En outre, les élections devaient être faites, non par celle des classes où se produisait une vacance, mais par l'Institut tout entier (2). Enfin, il devait y avoir, une fois au moins

(1) *Histoire de l'Académie royale des sciences.*

(2) Voici comment l'on procédait : « La section dans laquelle la vacance s'était produite présentait à la classe une liste de cinq candidats au moins. Si deux membres de la classe demandaient qu'un ou plusieurs candidats fussent ajoutés à la liste, la classe délibérait par la voie du scrutin séparément sur chacun des candidats. La liste étant ainsi formée, chaque membre de la classe portait sur son bulletin de vote les noms compris dans cette liste suivant l'ordre de mérite qu'il leur attribuait, en écrivant, vis-à-vis du nom de celui qu'il entendait placer au premier rang, un chiffre égal au nombre des candidats vis-à-vis du second, le

par mois, une séance commune, dans laquelle seraient portées les affaires intéressant tout l'Institut et toutes les communications qui, dans chaque classe, auraient paru de nature à mériter l'attention du monde savant.

On peut ajouter que l'Institut n'eut pas, comme les anciennes Académies, de secrétaire perpétuel ; chaque classe eut un président élu pour six mois, et deux secrétaires annuels, mais élus à six mois de distance, de façon que chacun d'eux eût successivement deux collègues pendant la durée de ses fonctions. Chacune des classes avait, à tour de rôle, la présidence de l'Institut, pendant un mois. Le président et les secrétaires n'avaient d'ailleurs aucune attribution administrative, tous les employés étaient nommés par l'Institut, qui les dirigeait par voie de scrutin ; il fut attribué à chacun des membres un traitement de 1,500 francs (1),

chiffre immédiatement inférieur et ainsi de suite jusqu'au nom de celui qu'il classait en dernier, vis-à-vis duquel il écrivait le chiffre *un*. Les secrétaires faisaient la somme de tous ces nombres et les noms des candidats qui réunissaient les plus grandes sommes composaient la liste de présentation. L'Institut, en assemblée générale, procédait à l'élection sur cette liste, au moyen du même mode de scrutin. Ainsi, la section présentait cinq candidats, à la classe, qui réduisait cette liste à trois et l'Institut choisissait entre ces derniers ; il ne pouvait élire en dehors de la liste, mais il pouvait choisir le dernier présenté.

(1) Lorsque, en 1796, le gouvernement demanda au Conseil des Cinq-Cents d'accorder aux membres de l'Institut une indemnité de 2,000 francs, il disait : « Le premier véhicule du talent est l'absence du besoin et s'il est vrai que le luxe et les richesses étouffent souvent le génie en l'amollissant, il ne l'est pas moins que la nécessité de se procurer l'existence par un travail particulier étouffe les grandes conceptions et resserre tout à la fois le génie et le sentiment. » Et le rapporteur du Conseil des Cinq Cents ajoutait : « Les richesses sont en opposition avec le génie, comme la vertu avec la beauté, c'est-à-dire presque toujours en guerre. Il ne s'agit donc pas d'opulence pour les membres de l'Institut, mais de leur donner un traitement qui les attache encore davantage aux sciences, s'il est possible. Il ne suffit pas que l'homme de

que la loi déclara insaisissable et non soumis aux lois sur le cumul. Les classes décidèrent que le cinquième de cette somme formerait une masse destinée à être distribuée sous forme de jetons de présence, dont la valeur devait varier en raison de l'assiduité aux séances.

L'Institut fut installé au Louvre. La première classe occupa l'ancien local de l'Académie des sciences ; la seconde, ceux de l'Académie française ; la troisième, ceux de l'Académie des inscriptions ; les séances publiques se tinrent dans la salle des Cariatides.

Il est à peine besoin de dire que le titre de *protecteur* avait disparu avec la Monarchie (1) ; il en était de même du nom d'*Académie*, et là ne s'arrêtaient pas les différences entre l'ancienne et la nouvelle organisation. Si la première classe correspondait, à peu près, à l'ancienne Académie des sciences, la création de la classe des sciences morales et politiques était une innovation, et la troisième classe se trouvait représenter à la fois l'Académie française, l'Académie des inscriptions et belles-lettres, l'Académie de peinture et de sculpture, l'Académie d'architecture, et quelque chose de plus encore, puisqu'elle contenait une section composée de musiciens et d'artistes dramatiques.

lettres soit environné de cette considération qui encourage les talents, il faut encore qu'il ne soit pas obligé de chercher, dans des occupations qui lui sont étrangères, des ressources pour son existence, il faut que celui qui épie la marche de la nature soit au-dessus des besoins de la vie. » Le chiffre de l'indemnité fut fixé à 1,500 francs ; l'exposé des motifs ajoutait : « Dans des temps plus heureux, il sera possible de verser avec plus d'abondance, la munificence nationale. » Depuis un siècle cependant, le chiffre n'a jamais varié, quoique la somme de 1,500 francs représente actuellement une valeur infiniment moindre qu'il y a cent ans.

(1) Bonaparte, qui avait été élu membre de l'Académie des sciences, en remplacement de Carnot, signait : « Bonaparte, membre de l'Institut, général en chef. » Étant premier consul, il siégeait parmi ses confrères et touchait, comme eux, le jeton de présence.

Enfin, l'Institut avait un caractère national. Il existait autrefois des Académies en province ; désormais il n'y avait, pour toute la France, qu'une seule compagnie, comprenant un nombre égal de membres titulaires habitant Paris et d'associés résidant dans les départements.

Les quarante-huit premiers membres titulaires (deux pour chacune des sections) furent nommés, au mois de novembre 1795, par un arrêté du Directoire, que précède le préambule suivant : « Le Directoire exécutif, considérant qu'il est de son devoir d'ouvrir avec célérité toutes les sources de la prospérité publique ; profondément convaincu que le bonheur du peuple français est inséparable de la perfection des sciences et des arts et de l'accroissement de toutes les connaissances humaines ; que leur puisssance peut seule entretenir le feu sacré de la liberté qu'elle a allumé, maintenir dans toute sa pureté l'égalité qu'elle a révélée aux nations, forger de nouvelles foudres pour la victoire, couvrir les champs mieux cultivés de productions plus abondantes et plus utiles, seconder l'industrie, vivifier le commerce, donner, en épurant les mœurs, de nouveaux garants à la félicité domestique, diriger le zèle de l'administrateur, éclairer la conscience du juge et dévoiler à la prudence du législateur les destinées futures des peuples, dans le tableau de leurs vertus et même de leurs erreurs passées ; voulant manifester solennellement à la France et à toutes les nations civilisées sa ferme résolution de concourir, de tout son pouvoir, au progrès des lumières et fournir une nouvelle preuve de son respect pour la constitution, en lui donnant sans délai le complément qu'elle a déterminé elle-même et qui doit assurer à jamais au talent son éclat, au génie son immortalité, aux inventions leur durée, aux connaissances humaines leur perfectionnement, au peuple français sa gloire, et aux vertus leur plus digne récompense ; arrête, etc. »

Le 6 décembre 1795, les membres qui venaient d'être nommés s'assemblèrent au Louvre, dans la salle des séances de l'ancienne Académie des sciences, sous la présidence de Daubenton, leur doyen d'âge. Le ministre de l'Intérieur, qui procédait à leur installation, leur adressa quelques paroles : « Nos législateurs, disait-il, ont voulu prouver aux détracteurs de la France qu'après six ans de révolutions, de guerre et de tourments politiques, après deux ans surtout, qui ont été deux siècles de barbarie, c'est encore en France que se trouvent les noms les plus célèbres dans les sciences et dans les arts ».

Trois séances furent tenues, les 9, 10 et 12 décembre, pour procéder à l'élection du second tiers de l'Institut ; enfin, les quatre-vingt-seize membres déjà nommés ou élus complétèrent la liste, dans trois réunions tenues les 13, 14 et 15 décembre.

Le 22 décembre 1795, eut lieu la première séance générale, dans laquelle on nomma une commission de douze membres chargée de préparer le règlement. Ce travail fut promptement terminé et, le 21 janvier 1796, l'Institut se présenta au Conseil des Cinq-Cents, pour déposer le projet qu'il avait adopté. Après que les artistes du Conservatoire, dirigés par Chérubini, eurent salué son entrée par l'hymne : *Veillons au salut de l'empire*, Treilhard, qui présidait la séance, leur souhaita la bienvenue, et Lacépède, qui lui répondit, termina sa harangue par ces mots : « Trop longtemps les sciences et les arts, naturellement fiers et indépendants, ont porté le joug monarchique, dont le génie n'a pu les préserver ; aujourd'hui, la liberté protège les lumières, et les lumières font chérir la liberté. *Nous jurons haine à la royauté* ». Après quoi, les deux futurs sénateurs et comtes de l'empire se donnèrent l'accolade et, sur la motion de Chénier, chacun des membres de l'Institut vint prêter le même serment, suivi de la même accolade.

Le règlement fut bientôt approuvé par les deux Conseils, et la loi qui le confirmait fut promulguée le 4 avril 1796. Le même jour, eut lieu la séance solennelle d'inauguration :

elle se tint au Louvre, dans la salle des Cariatides (1). A la suite des allocutions du président du Directoire et du président de l'Institut, Daunou, membre de la classe des sciences morales et politiques, prononça le discours d'ouverture. Après avoir rappelé les tristes événements, dont le souvenir était encore si récent, il ajoutait qu'au règne de la barbarie, qui a duré près de deux ans, succédera un grand siècle, comme un beau jour succède à une nuit d'orage, et il précisait, en ces termes, le rôle de l'Institut : « Nous gardons l'émotion de la bataille, avec cette espèce d'héroïsme sauvage qu'elle fait naître dans les âmes ; et maintenant, en pleine possession de la liberté, la République nous appelle pour rassembler et raccorder toutes les branches de l'instruction, reculer les limites des connaissances, rendre leurs éléments moins obscurs et plus accessibles, provoquer les efforts des talents, récompenser leurs succès, recueillir et manifester les découvertes, recevoir, renvoyer, répandre toutes les lumières de la pensée, tous les trésors du génie. Tels sont les devoirs que la loi impose à l'Institut ».

A partir de cette époque, chacune des classes tint régulièrement ses séances hebdomadaires, et l'Institut, en dehors de ses réunions mensuelles, s'assembla, au commencement de chaque trimestre, en séance publique, pour entendre la lecture de mémoires sur divers sujets (2).

(1) Les cinq directeurs, dont deux faisaient partie de l'Institut, étaient revêtus de leur grand costume : habit bleu et manteau nacarat, tout couverts de broderies d'or, avec la ceinture de soie, le baudrier et le chapeau à panache. Ils étaient accompagnés du corps diplomatique et des représentants de tous les corps constitués. Quinze cents spectateurs étaient entassés dans les tribunes, sans parler des chœurs et des instrumentistes. En dehors des trois discours dont il est question ci-dessus, on donna lecture de quinze mémoires, et la séance dura plus de quatre heures.

(2) Les séances étaient très longues : elles duraient souvent plus de quatre heures, et les sujets traités étaient parfois bizarrement choisis. Par exemple, Fourcroy lut, le 15 germinal an V, un mémoire intitulé

Bien que le Gouvernement se soit abstenu d'entraver la liberté de l'Institut, on ne peut oublier qu'une fois au moins, il porta gravement atteinte à la dignité et à l'indépendance de la compagnie. A la séance générale du 26 septembre 1797, il fut donné lecture d'une lettre, par laquelle le ministre de l'Intérieur signifiait que la loi de déportation du 19 fructidor an V, ayant frappé Carnot, Pastoret, Sicard et Fontanes, il y avait lieu de pourvoir à leur remplacement. Un seul membre, Delisle de Sales, osa proposer de laisser les fauteuils vacants; l'Institut se soumit docilement et procéda à de nouvelles élections, dont la première fit entrer Bonaparte dans la section de mécanique. Lorsque les exilés furent autorisés à rentrer en France, l'Institut les fit prier d'assister aux séances publiques et particulières, mais ceux-ci répondirent, le 18 mai 1800, que « n'ayant jamais perdu leurs droits, ils ne pouvaient consentir à les reprendre diminués ». En fait, on les nomma, par acclamation, aux premiers fauteuils qui devinrent vacants.

Ce ne fut pas seulement sous ce rapport que le Gouvernement intervint dans les travaux de l'Institut. Le rapport sur la loi de 1796, qui avait approuvé le règlement, disait : « Rien ne doit gêner la liberté entière de la pensée, la liberté absolue des opinions, le choix illimité des travaux .. Les classes sont des sociétés essentiellement libres, et nulles si elles ne l'étaient pas ». Il est certain cependant que les ministres abusèrent de la disposition législative qui destinait l'Institut « à suivre, conformément aux lois et arrêtés du Directoire exécutif, les travaux scientifiques et littéraires qui auraient pour objet l'utilité générale et la gloire de la République ». En fait, pendant cette période, le gouvernement ne

« Comparaison de l'urine humaine et de celle des animaux herbivores, particulièrement du cheval », et, le 15 vendémiaire an VI, une étude sur les calculs de la vessie. Dupont de Nemours traitait de la sociabilité des chats, des renards et des loups, etc., etc.

se fit pas scrupule de réclamer le concours de la compagnie et de lui demander une quantité de travaux et de rapports sur les sujets les plus divers.

DEUXIÈME PÉRIODE (1803-1816).

L'année 1802 avait vu rétablir, sous la forme de Consulat à vie, une véritable monarchie ; les idées avaient singulièrement changé, en France, et l'amour de l'ordre avait remplacé celui de la liberté. Le goût des lettres renaissait et, dans la famille même de Bonaparte, on parlait de reconstituer l'Académie française. Le premier consul déclara que toute société de ce genre, qui voudrait se former en dehors de l'Institut, serait dissoute, mais il reconnut que l'heure était venue de rendre aux lettres, à l'érudition et aux arts une place moins étroite que celle qui leur était faite dans l'organisation de 1795 (1). « Pour connaître les vices de l'organisation de l'Institut, disait le ministre de l'Intérieur, dans le rapport que lui avait démandé le premier consul, nous avons comparé les classes aux anciennes Académies, dont la France s'honorait depuis plus d'un siècle et qui étaient devenues le modèle des institutions savantes et littéraires formées successivement dans tous les États de l'Europe. Malgré l'imposant assemblage de toutes les connaissances humaines dans l'Institut, nous y avons reconnu des associations forcées entre des sciences presque étrangères l'une à l'autre... A ces premiers défauts se joignent le vice des élections faites en commun, le vice plus intolérable encore d'un association d'acteurs et de comédiens placés à côté des physiciens, des géomètres, des magistrats, des poètes... De pareils écarts n'avaient pas lieu dans les anciennes Académies. Les vices de l'Institut tiennent principalement aux différences qui

(1) Voir Thiers, *Histoire du Consulat et de l'Empire* vol. IV, livre XVI,

l'éloignent du régime académique ; il faut donc y introduire ce que celui-ci avait de bon, ce qu'une durée et l'expérience de cent années y avait perfectionné et consolidé. »

Toutes les conclusions du rapport de Chaptal, ne furent pas approuvées. Le ministre avait proposé de rétablir les Académies avec leurs anciens noms (1) ; le conseil d'État s'y opposa formellement, mais il ne combattit pas la suppression de la classe des Sciences morales et politiques, la trouvant sans doute inutile, en un temps, où, comme l'a dit M. de Rémusat, « on avait peur de penser. »

En résumé, l'arrêté des consuls du 23 janvier 1803, porta de trois à quatre le nombre des classes : la première, celle des Sciences ne subit aucun changement, mais elle fut augmentée de la section de géographie empruntée à la classe des Sciences morales, qui disparaissait et dont les membres furent répartis entre les autres compagnies Quant à la classe de Littérature et Beaux-Arts, elle fut remplacée par trois classes : la seconde, dite de la Langue et de la Littérature françaises, la troisième, dite d'Histoire et de Littérature ancienne, et la quatrième dite des Beaux-Arts : on maintenait, dans cette dernière, une section de musique réduite à trois membres et l'on faisait disparaître les fauteuils attribués aux artistes dramatiques.

Le nombre total des membres se trouvait ainsi porté de cent quarante-quatre à cent soixante-quatorze. Le chiffre des associés étrangers n'était pas modifié, mais les cent quarante-quatre associés non résidants étaient désormais remplacés par cent quatre-vingt-seize correspondants, qui pouvaient

(1) On lit, dans le rapport : Au lieu des trois classes anciennes de l'Institut, nous proposons de le partager en quatre Académies et en reprenant cette illustre dénomination, nous avons rétabli pour chacune d'elles, le titre qui les distinguait et auquel était attaché plus d'un siècle de gloire. » Quoi qu'en aient dit la plupart des auteurs, ce fut le Conseil d'État et non pas Bonaparte, qui refusa de laisser reprendre les anciens noms.

être choisis non seulement parmi les Français habitant les départements, mais encore parmi les étrangers. Enfin l'institution des secrétaires perpétuels était rétablie : il y en eut deux pour la classe des sciences et un pour chacune des autres classes.

Le tableau ci-dessous résume la nouvelle organisation de l'Institut.

Classe	Sections	
PREMIÈRE CLASSE. Sciences physiques et mathé-*matiques.* — *65 membres*, 8 associés étrangers, 100 correspondants.	1. Géométrie	6
	2. Mécanique	6
	3. Astronomie	6
	4. Géographie et Navigation	3
	5. Physique générale	6
	6. Chimie	6
	7. Minéralogie	6
	8. Botanique	6
	9. Économie rurale et Art vétérinaire	6
	10. Anatomie et Zoologie	6
	11. Médecine et Chirurgie	6
	Secrétaires perpétuels	2
DEUXIÈME CLASSE Langue et Littérature françaises.	Cette classe n'est pas divisée en sections ; elle comprend 40 membres et n'a ni associés, ni correspondants.	
TROISIÈME CLASSE. Histoire et Littérature ancienne.	Cette classe n'est pas divisée en sections ; elle comprend 40 membres, 8 associés étrangers et 60 correspondants.	
QUATRIÈME CLASSE. Beaux-Arts. — 29 membres, 8 associés, 36 correspondants.	1. Peinture	10
	2. Sculpture	6
	3. Architecture	6
	4. Gravure	3
	5. Musique (composition)	3
	Secrétaire perpétuel	1

Un arrêté des consuls, en date du 28 janvier 1803, répartit les membres titulaires et les associés entre les quatre classes, mais, au lieu de laisser à l'Institut le soin de se compléter, le gouvernement nomma d'office les titulaires des fauteuils nouvellement créés. Quant aux associés non résidants, ils furent nommés correspondants,

En réalité, on avait à peu près reconstitué, sans leur rendre leur nom, les anciennes Académies. Désormais, chaque classe avait son autonomie et procédait seule aux élections destinées à pourvoir aux vacances qui se produisaient dans son sein ; en outre, il était permis à un membre de faire partie de deux classes. Toutefois, si l'on avait relâché le lien qui existait antérieurement entre les classes, on n'en avait pas moins maintenu le principe de l'unité de l'Institut. Tout académicien avait le droit d'assister à chacune des séances des quatre classes et d'y faire des lectures. Les séances générales étaient conservées ; le titre, le costume, le traitement étaient identiques, la bibliothèque et l'administration communes, et lorsque, en 1805, l'Institut, qui se trouvait trop à l'étroit au Louvre, fut doté du palais des Quatre-Nations, qu'il possède encore aujourd'hui, les mêmes locaux furent affectés aux réunions des quatre classes.

Le titre de protecteur n'avait pas reparu dans la nouvelle organisation. Bonaparte ne se l'était pas attribué, Napoléon ne le prit pas davantage, mais il fit inscrire son nom en tête de la liste des membres de la première classe (1).

L'organisation de l'Institut ne subit aucun changement, pendant la durée de l'empire ; Napoléon n'intervint d'ailleurs que rarement dans les affaires académiques et il faut avouer que les occasions dans lesquelles il le fit étaient assez mal choisies (2).

(1) Il figure ainsi sur l'annuaire de l'Institut : Sa Majesté l'Empereur et Roi, nommé membre de cette classe, section de mécanique, le 5 nivôse an VI. » La place de Napoléon est restée vacante jusqu'en 1815.

(2) Ce fut notamment pour obliger la seconde classe à donner au cardinal Maury, le jour où il fut reçu, le titre de Monseigneur et pour interdire la lecture du discours de réception de Châteaubriand.

Lors de la première Restauration, le gouvernement avait résolu de modifier le régime de l'Institut : le Roi avait même signé, le 5 mars 1815, une ordonnance qui consacrait ces réformes, mais, avant que cet acte fût publié au *Moniteur*, l'Empereur était rentré aux Tuileries et, dès le 24 mars, il abrogeait l'ordonnance royale. Quelques jours plus tard, une lettre signée du ministre de l'Intérieur, comte de l'Empire Carnot, et datée du 10 avril 1815, signifiait que « l'Empereur ayant reconnu l'inconvénient qu'il y a de laisser sa place vacante, il convient de lui donner, dans les listes, le titre de protection de l'Institut, et de procéder à son remplacement. »

On peut ajouter que, pendant les Cent-Jours, le gouvernement crut devoir porter de vingt-neuf à quarante le nombre des fauteuils de la classe des Beaux-Arts, mais, dès le 2 août suivant, le Roi décida que, jusqu'à nouvel ordre, les nouveaux membres ne devraient pas se considérer comme faisant partie de l'Institut, et les choses restèrent en suspens jusqu'au moment où intervint la réforme de 1816.

TROISIÈME PÉRIODE (1816-1832).

L'ordonnance royale du 21 mars 1816, qui a réorganisé l'Institut, rendit aux quatre classes, tout ensemble le titre d'*académie* et les noms des anciennes compagnies « afin de rattacher leur gloire passée à celle qu'elles ont acquise ». Elle décida, en outre, que les académies prendraient rang d'après l'ordre de leur fondation, savoir : l'Académie française, l'Académie des Inscriptions et Belles-Lettres, l'Académie des Sciences, l'Académie des Beaux-Arts. Les liens qui unissaient antérieurement les classes étaient d'ailleurs maintenus, et le Roi prenait le titre de Protecteur, qui a été porté, depuis cette époque jusqu'en 1870, par tous les souverains de la France.

Le nombre des membres titulaires ne fut pas modifié et, si l'on supprima la nouvelle section ajoutée, pendant les

Cent-jours, à la quatrième classe, on attribua définitivement à l'Académie des beaux-arts, le nombre de fauteuils porté dans le décret du 27 avril 1815. L'Institut comptait donc désormais cent quatre-vingt-six-membres titulaires. En outre, il était créé, dans chaque compagnie, sauf dans l'Académie française, dix places de membre libre.

L'ensemble de l'organisation nouvelle se présentait de la façon suivante :

1° Académie française	N'est pas divisée en sections. Quarante membres.	
2° Académie des Inscriptions et Belles-Lettres . .	N'est pas divisée en sections. 40 membres titulaires, 10 membres libres, 8 associés, 30 correspondants.	
3° Académie des Sciences. — 65 membres titulaires, 10 membres libres, 8 associés, 100 correspondants.	Onze sections et deux secrétaires perpétuels, exactement comme la première classe, de l'organisation de 1803. (Voir ci dessus, p. 40).	
4° Académie des Beaux-Arts. — 41 membres titulaires, 10 membres libres, 10 associés, 40 correspondants.	Peinture	14
	Sculpture.	8
	Architecture	8
	Gravure	4
	Composition musicale	6
	Secrétaire perpétuel	1

L'ordonnance de 1816 ne se borna pas à modifier l'organisation de l'Institut : conformément au précédent de 1797, le gouvernement raya de la liste un certain nombre d'hommes politiques. Le nombre des exclusions fut exactement de vingt-deux : onze à l'Académie française : Garat, Cambacérès, Merlin, Siéyès, Roederer, Arnault, Maury, le duc de Bassano, Lucien Bonaparte, Etienne et Regnaud Saint-Jean-d'Angely ; cinq à l'Académie des inscriptions : Joseph Bonaparte, Lakanal, Le Breton, Grégoire et Mongez ; deux à l'Académie des sciences : Monge et Carnot et quatre à l'Académie des beaux-arts : David, Berton, Castellan et Thibault. Toutes n'étaient pas basées sur les mêmes motifs (1) : Cambacérés, Merlin, Siéyès, Lakanal, Carnot, Grégoire et David avaient été éxilés de France comme régicides ; le duc de Bassano, Roederer, le cardinal Maury et Regnaud Saint-Jean-d'Angély l'avaient été également, quoique n'ayant pas voté la mort du Roi ; les deux frères de Napoléon étaient virtuellement bannis ; Garat avait, comme ministre de la justice, fait exécuter l'infortuné Louis XVI ; Arnault, Etienne et Mongez étaient gravement compromis par leurs opinions, et Le Breton avait protesté si violemment contre la conduite des alliés, que le gouvernement crut devoir le sacrifier. Enfin, quant à Berton, Castellan et Thibault, qui avaient été élus en 1815, en vertu du décret portant augmentation du nombre des membres de la quatrième classe, leur nomination fut plutôt suspendue qu'annulée, et ils rentrèrent successivement à l'Académie des beaux-arts.

Pour combler les vides que laissaient ces éliminations, on agit de la même façon qu'en 1803, c'est-à-dire que le gouvernement nomma d'office les titulaires de la plupart des fauteuils vacants. La liberté des académies ne reçut, d'ailleurs, pas de nouvelle atteinte pendant toute la durée de la Restauration, et l'on ne peut citer qu'une occasion dans laquelle le Roi ait refusé de ratifier une élection (2). Bien plus, Mongez, Etienne et Arnault, qui avaient été exclus en 1816, ayant été réélus, dans la suite, le Roi ne fit aucune objection contre leur admission.

(1) Il est assez piquant de constater que, parmi les victimes de l'ordonnance de 1816, se trouvaient Grégoire, le rapporteur de la loi de 1793, qui avait supprimé les Académies, et David, qui avait si violemment attaqué ces compagnies. Il faut enfin remarquer que plusieurs des membres exclus étaient entrés à l'Institut par suite d'une nomination et non d'une élection.

(2) Il s'agissait de Pierre Hachette élu, le 10 novembre 1823, dans la section de mécanique de l'Académie des sciences. Il fut réélu, le 17 octobre 1831 et, cette fois, il fut admis sans difficulté.

Si l'on rappelle qu'une ordonnance royale, rendue le 1er octobre 1823, mais formellement abrogée en 1828, avait réduit le nombre des membres de l'Académie des inscriptions et belles-lettres, on aura signalé les seuls faits importants qui marquent cette période.

QUATRIÈME PÉRIODE (1832-1895)

Le 26 octobre 1832, une ordonnance royale, rendue sur le rapport de M. Guizot, a restitué à l'Institut « la plénitude des droits qui lui furent attribués à l'époque de sa création », en rétablissant, sous le titre d'Académie des sciences morales et politiques, la deuxième classe supprimée en 1803. « Les sciences morales et politiques, disait l'illustre homme d'État, ont exercé, de tout temps, un grand attrait sur les esprits et une grande influence sur les peuples ; mais, à aucune époque, chez aucune nation, elles ne sont parvenues au degré d'importance, de publicité, que de nos jours elles ont atteint dans notre pays. Elles influent directement, parmi nous, sur le sort de la société, elles modifient rapidement les lois et les mœurs... Cependant le consulat abolit la seconde classe de l'Institut et la Restauration ne la rétablit point. L'institution leur était suspecte par ses mérites mêmes... L'ordre politique qui s'est élevé, en France, est à l'abri de telles inquiétudes, c'est le privilège des gouvernements libres de résister aux épreuves dont s'effraie le pouvoir absolu. »

Aux termes de l'ordonnance royale, le nombre des académiciens était fixé à trente, y compris le secrétaire perpétuel, et celui des sections à cinq. Il y avait,en outre, cinq membres libres, cinq associés étrangers, et quarante correspondants.

Depuis cette époque, l'organisation des cinq académies n'a subi que de légères modifications, et leur liberté n'a connu que peu d'entraves : tout au plus pourrait-on signaler comme un acte, sinon de malveillance, du moins de défiance à l'égard de l'Académie des sciences morales et politiques, l'addition qui a été imposée à cette compagnie, par le décret du 14 avril 1855 et dont les effets ont été, d'ailleurs, rapidement effacés. Quant aux mesures de détail qui sont intervenues dans le cours de cette dernière période, elles seront mentionnées à propos de celles des académies qu'elles concernent.

Le tableau ci-dessous rappelle la composition de l'Institut, à chacune des principales périodes de son histoire :

	25 octobre 1795	23 janvier 1803	21 mars 1816	26 octobre 1832	25 octobre 1895
Classes ou Académies . .	3	4	4	5	5
Membres titulaires . . .	144	174	186	216	229
Membres libres	»	»	30	35	40
Associés étrangers . . .	24	24	26	31	32
Associés non résidants.	144	»	»	»	»
Correspondants.	»	196	170	210	248

Voici comment le personnel mentionné à la dernière colonne est actuellement réparti entre les cinq académies.

	Membres titulaires.	Membres libres.	Associés étrangers.	Correspondants.
Académie française.	40	»	»	»
Académie des inscriptions et belles-lettres	40	10	8	50
Académie des sciences . . .	68	10	8	100
Académie des beaux-arts . .	41	10	10	50
Académie des sciences morales et politiques . . .	40	10	6	48
Total. . . .	229	40	32	248

III

ORGANISATION DE L'INSTITUT.

LES RÈGLEMENTS

En retraçant, dans les pages qui précèdent, les phases principales de l'histoire de l'Institut, je n'ai entrepris ni de reproduire, ni même d'analyser la série des actes qui ont été successivement rendus pour régler son organisation. Le recueil de tous ces documents a été récemment publié par M. Aucoc et ce volume, préparé avec la méthode et le soin consciencieux que l'on trouve dans tous les travaux de mon honorable confrère, est absolument complet (1). C'est avec son aide que je me propose de résumer brièvement les principaux traits de la constitution de cette grande république des sciences, des lettres et des arts.

L'Institut se compose de cinq académies qui sont, aux termes de l'ordonnance de 1816, rangées selon l'ordre de leur fondation, savoir : l'Académie française (1635), l'Académie des inscriptions et belles-lettres (1663), l'Académie des sciences (1666), l'Académie des beaux-arts (1795) et l'Académie des sciences morales et politiques (1795).

L'Institut a une existence propre et des biens distincts, dont le principal, dû à la princière libéralité d'un membre de trois académies, M. le duc d'Aumale, consiste dans le domaine

(1) L'Institut de France, lois, statuts et règlements, 1 vol. in-8, imprimerie Nationale, 1889.

de Chantilly, avec sa magnifique collection d'œuvres d'art et son incomparable bibliothèque.

L'administration et le fonctionnement de l'Institut sont régis par divers règlements, dont le plus ancien, en date du 4 août 1796, a été complété par ceux des 9 mai 1803, 17 septembre 1841 et 19 juillet 1848.

La présidence de l'Institut appartient alternativement à chacune des académies, qui l'exerce pendant un an, c'est-à-dire, par exemple, que, le bureau de l'Académie des beaux-arts étant, en 1895, celui de l'Institut, le bureau de l'Académie des sciences morales et politiques le sera en 1896, celui de l'Académie française en 1897 et ainsi de suite. L'administration est confiée à une commission centrale, composée des six secrétaires perpétuels et de deux membres de chaque académie, nommés pour un an et toujours rééligibles.

L'Institut nomme, en séance générale, le bibliothécaire, les sous-bibliothécaires, ainsi que le chef du secrétariat et agent spécial. Ce dernier dirige, sous les ordres de la commission centrale administrative, le personnel attaché aux divers services, et il est chargé de la comptabilité.

Le budget de l'Institut est voté, chaque année, par les Chambres. Lorsque, par un message du 17 juillet 1796, le Directoire demanda au conseil des Cinq-Cents le vote d'un crédit, il disait : « La République ne fera pas moins pour l'Institut que les rois n'avaient fait pour les ci-devant académies. On peut évaluer à plus de quatre cent mille livres les pensions plus ou moins fortes, les rétributions et les diverses dépenses qui lui étaient affectées. » L'Assemblée ne crut pas pouvoir aller jusque-là, mais le rapporteur ajoutait : « Dans des temps plus heureux, il sera possible de verser, dans cet établissement, avec plus d'abondance, la munificence nationale. »

Depuis lors, en effet, le budget de l'Institut a été augmenté, sans d'ailleurs que « la munificence nationale » ait jamais rien eu d'exagéré. Il s'élève actuellement à 700,000 francs environ (1). Sur cette somme, il est attribué une indemnité de 6,000 francs à chacun des secrétaires perpétuels et de 1,500 francs à chaque membre titulaire; le surplus est affecté au traitement des agents et fonctionnaires, à la bibliothèque, aux publications et aux prix à décerner.

Diverses lois ont conféré à l'Institut un droit de présentation aux chaires du Collège de France, du Muséum d'histoire naturelle, de l'École des langues orientales vivantes, du Conservatoire des arts et métiers, aux places du Bureau des longitudes, des observatoires de Paris et de Marseille, etc. La loi du 19 mars 1873 lui attribue le droit de nommer cinq de ses membres choisis en assemblée générale, dans chacune des académies, pour faire partie du Conseil supérieur de l'instruction publique. On verra également que certaines académies exercent une haute surveillance sur divers établissements d'instruction supérieure.

L'Institut s'assemble en séance plénière, non publique, une fois, au moins, par trimestre ; il tient, en outre, une séance publique annuelle, dont la date plusieurs fois modifiée (2) est actuellement fixée au 25 octobre, jour anniversaire de la fondation.

Ainsi qu'on l'a vu, l'arrêté des consuls du 23 janvier 1803 a donné à chacune des classes une existence propre, que

(1) Le budget de l'Institut, pour 1895, s'élève exactement à la somme de 697,000 francs, ainsi répartie : Académie française, 89,500 francs ; Académie des inscriptions de belles-lettres, 141,100 francs ; Académie des sciences, 176,500 francs ; Académie des beaux-arts, 89,500 francs ; Académie des sciences morales et politiques, 94,000 francs. — Prix Biennal : 10,000 francs ; bibliothèque, 31,000 francs ; secrétariat, 45,400 francs.

(2) Sous la première République et sous l'Empire, il y avait quatre séances ; l'ordonnance de 1816 n'en maintint qu'une, dont le jour fut fixé au 24 avril, [illegible] anniversaire de la rentrée du Roi. En 1848, on prit le 25 octobre ; sous l'Empire, ce fut le 15 août, jour de la Saint-Napoléon. Depuis 1871, on est revenu à la date du 25 octobre.

l'ordonnance de 1816 a conservée aux Académies. Chaque compagnie a des règlements particuliers, qu'elle peut modifier à son gré et qui déterminent l'ordre de ses travaux, la procédure des élections, le mode de jugement des concours et d'attribution des prix et récompenses. Ces règles étant à peu près uniformes sur les points essentiels, il est inutile de les indiquer séparément pour chaque académie. En voici la substance :

Outre les secrétaires perpétuels, le bureau comprend : à l'Académie française, un directeur et un chancelier élus pour trois mois ; dans les quatre autres compagnies, un président et un vice-président élus pour une année. L'administration des propriétés et fonds particuliers de chaque académie est confiée à une commission spéciale composée du bureau et de deux membres élus annuellement.

Chaque académie s'assemble une fois, au moins, par semaine sans qu'il y ait, dans le cours de l'année, aucune vacance ou interruption des travaux. Elle tient, en outre, pendant le dernier trimestre de l'année, une séance publique. Tout membre de l'Institut a le droit d'assister à chaque séance des cinq académies ; les correspondants ont entrée aux réunions de la compagnie à laquelle ils appartiennent (1). Le public est admis aux séances hebdomadaires de l'Académie des inscriptions, de l'Académie des sciences et de l'Académie des sciences morales et politiques, excepté pendant les comités secrets ; il ne peut assister aux réunions des deux autres compagnies. Les élections ne peuvent avoir lieu qu'un mois après la notification de la vacance d'un fauteuil. Sauf à l'Académie française, où cette formalité n'est pas observée, la compagnie doit préalablement décider s'il y a lieu de procéder à une élection. Dans le cas où la question est résolue négativement, elle doit être posée de nouveau, après six mois, et ainsi de suite.

(1) A l'Académie des beaux-arts, les correspondants ne peuvent assister aux séances pendant lesquelles ont lieu les élections.

Dans les trois académies divisées en sections, les membres de la section dans laquelle s'est produite la vacance dressent une liste de présentation, comprenant au moins trois noms et au plus cinq ; à la séance suivante, l'Académie procède à la discussion des titres et, huit jours après, sur convocation spéciale, on passe à l'élection.

Les membres titulaires sont seuls admis à voter, mais les règlements varient, au sujet du nombre dont la présence est nécessaire : à l'Académie française, le minimum est de vingt ; aux Académies des sciences et des beaux-arts, il est des deux tiers ; à l'Académie des sciences morales, de moitié plus un ; à l'Académie des inscriptions, aucun chiffre n'est indiqué.

Les mêmes règles s'appliquent à la nomination des membres libres, sauf que la liste de présentation est dressée par une commission spéciale et que les membres libres peuvent prendre part au vote.

Les membres titulaires de chaque compagnie peuvent toujours être élus dans une autre Académie (1), mais nul membre libre ne peut devenir académicien titulaire de la compagnie à laquelle il appartient, il ne peut se présenter qu'après avoir préalablement donné sa démission : ce cas s'est d'ailleurs produit à plusieurs reprises et l'on trouve, sur les listes, le nom d'un certain nombre d'académiciens libres devenus titulaires.

Les citoyens français résidant à Paris peuvent seuls être nommés académiciens titulaires ; cette condition de domicile n'est pas exigée des membres libres.

(1) Aux termes de l'arrêté du 28 janvier 1803, le nombre des membres d'une classe pouvant être choisis parmi ceux des autres classes était limité comme suit : six pour la première classe, douze pour la seconde, neuf pour la troisième, six pour la quatrième. L'article 9 de l'ordonnance royale du 21 mars 1816 n'a pas reproduit ces restrictions ; elle porte simplement : les membres de chaque Académie pourront être élus aux trois autres Académies.

Aucune élection ne devient définitive qu'après avoir été ratifiée par un décret du chef de l'État. En fait, cette approbation n'est plus guère qu'une formalité ; le droit de veto gouvernemental est tombé en désuétude et n'a plus été exercé depuis 1823.

Les membres titulaires jouissent de la plénitude des droits académiques ; l'ordre de préséance est déterminé entre eux, uniquement par la date de leur élection (1). Ils sont reçus en séance solennelle à l'Académie française ; en séance publique aux Académies des inscriptions, des sciences et des sciences morales et politiques ; en séance privée à l'Académie des beaux-arts. Sauf dans le cas dont il a été parlé ci-dessus, les membres libres ne peuvent prendre part aux élections, mais ils sont admis à voter dans certaines circonstances prévues par les règlements, lorsqu'il s'agit des travaux de l'Académie. Ils ne peuvent jamais faire partie du bureau.

Les associés et les correspondants sont élus au scrutin secret, en la forme ordinaire, mais ils n'ont pas le droit de vote. Les correspondants qui viennent se fixer à Paris perdent *ipso facto* leur titre ; cette disposition n'est pas, il faut le dire, très rigoureusement appliquée.

Les membres titulaires, les membres libres et les associés ont seuls le droit de porter le costume de l'Institut, dont le modèle, dessiné par David, a été adopté, le 12 mai 1801 ; ils reçoivent la médaille officielle, portant d'un côté la tête de Minerve et, de l'autre, leur nom entouré de lauriers. Les correspondants n'ont droit ni au costume, ni au titre de membre de l'Institut.

(1) Le principe de l'égalité académique, qui date de l'ancien régime, a toujours été fermement maintenu. Les princes du sang, les cardinaux ou évêques ne reçoivent, comme tous leurs confrères, que le titre de *Monsieur*. On a vu que la seule exception a été faite, par ordre de Napoléon, pour le cardinal Maury ; encore a-t-on fait beaucoup de difficultés pour consentir à lui donner le titre de *Monseigneur*.

Chaque académie détermine la répartition de la somme de 1,500 francs affectée au traitement des membres titulaires. Le plupart des différences qui ont jadis existé sur ce point ont aujourd'hui disparu : seule l'Académie française a maintenu le système des pensions (1) ; dans les quatre autres compagnies, tout membre reçoit, chaque mois; 100 francs ; le surplus est destiné à former un fonds spécial, qui est réparti, sous forme de jetons de présence, dont la valeur dépend du nombre des assistants. Les membres libres n'ont pas de traitement, mais ils touchent des jetons de présence, dont le maximum annuel est de 300 francs ; les associés et les correspondants n'y ont pas droit. Lorsqu'un membre titulaire fait partie de plusieurs académies, il n'est pas admis à cumuler et il ne reçoit que le simple traitement de 1,200 francs, mais il a droit aux jetons de présence dans chacune des compagnies auxquelles il appartient.

Les usages relatifs aux honneurs à rendre aux académiciens décédés ne sont pas identiques dans toutes les compagnies. Chaque académie, lorsqu'elle est informée du décès de l'un de ses membres, lève la séance en signe de deuil; une députation assiste, en costume, à la cérémonie des obsèques, et tous les membres de l'Institut y sont officiellement conviés. Un discours est prononcé : à l'Académie des beaux-arts par le secrétaire perpétuel, à l'Académie des sciences par l'un des membres de la section à laquelle appartenait le défunt ; dans les autres compagnies par le président. A l'Académie française, l'éloge de chaque membre est lu par son successeur, dans la séance publique de réception ; à l'Académie des beaux-arts et à celle des sciences morales et politiques, tout académicien

(1) A l'Académie française, on ne distribue que 1,000 francs au lieu de 1,200 francs ; les 8,000 francs qui restent ainsi disponibles constituent huit pensions de 1,000 francs chacune, destinées à doubler le traitement des quatre membres les plus anciens, et des quatre membres les plus âgés.

nouvellement élu doit, en vertu d'un usage assez récent, donner lecture d'une notice sur la vie et les œuvres de son prédécesseur ; dans les deux autres compagnies, les secrétaires perpétuels prononcent, dans la séance publique annuelle, l'éloge d'un de leurs confrères défunts, mais, comme il y a presque toujours plus d'un décès par année, il en résulte qu'aucun honneur n'est accordé à la mémoire d'un nombre assez considérable d'académiciens.

J'ajoute que le gouvernement fait exécuter, chaque année, les bustes de plusieurs académiciens ; le mérite de ces œuvres d'art est malheureusement fort inégal et leur nombre est devenu si considérable que la place fait défaut et qu'il a fallu en placer une notable partie dans des locaux où elles sont invisibles.

LES FONDATIONS ET LES PRIX

Pendant longtemps, l'Institut n'a eu, pour encourager les lettres et les sciences, d'autres ressources que les allocations très peu importantes du budget de l'État. L'initiative privée est heureusement intervenue et, de même qu'elle avait été, sous l'ancien régime, la véritable créatrice des Académies, elle a été, au XIXe siècle, la principale bienfaitrice des littérateurs, des artistes et des savants. Non seulement elle a suppléé à l'action gouvernementale, mais encore elle a élargi le cercle des attributions propres de l'Institut. En 1819, un homme de bien, dont toute la vie a été une longue suite de nobles et généreuses actions, M. de Montyon, eut l'idée d'offrir à l'Académie française, les moyens de récompenser, non seulement les écrits utiles aux mœurs, mais aussi les citoyens pauvres qui se signaleraient par des actions vertueuses. La compagnie ne refusa pas la tâche si honorable qui lui était, en quelque sorte, imposée : mise en possession, au mois de juillet 1821, des libéralités de M. de Montyon, elle s'occupa désormais de décerner ce que l'on nomme des *prix de vertu*. L'exemple du grand philanthrope n'a pas été suivi tout d'abord et, pendant un demi-siècle, il est demeuré unique ; un imitateur, M. de Leidersdorf est venu, en 1853 ; un second, M. Souriau, dix ans plus tard, et, depuis lors, les donations se sont multipliées ; non seulement, l'Académie française, mais encore l'Académie des sciences morales ont reçu les moyens d'encourager les nobles et vertueuses actions.

Toutes les Académies ont bénéficié, particulièrement depuis trente ans, de nombreux dons et legs, qui leur ont permis de distribuer, chaque année, des récompenses sans cesse plus nombreuses : les unes sont décernées aux auteurs d'ouvrages de toute nature déjà imprimés et publiés, les autres sont attribuées aux concurrents qui ont envoyé les meilleurs mémoires sur un sujet mis au concours. Celles-ci encouragent les travaux d'un savant pauvre, celles-la viennent en aide à de jeunes artistes, au début de leur carrière. Tel prix est annuel, tel autre biennal ou triennal ; quelquefois la totalité de la somme doit être intégralement remise à l'auteur d'une grande découverte.

Il n'est pas possible d'oublier, dans un ouvrage qui retrace l'histoire du premier siècle de l'Institut, les bienfaiteurs, qui se sont associés, d'une façon si utile, à l'œuvre des Académies, et il n'est que juste de consigner ici l'expression du témoignage de gratitude qui leur est dû.

A ces libéralités, il faut ajouter le grand prix biennal, que le Gouvernement a fondé par le décret du 11 août 1854, modifié, sur la demande de l'Institut, par celui du 22 décembre 1860 (1). Cette récompense consiste en une somme de

(1) Il est naturellement impossible de donner une liste complète des lauréats de l'Institut, dont le nombre s'élève, chaque année, à plusieurs centaines ; mais il est intéressant d'indiquer exceptionnellement comment a été décerné le grand prix biennal, qui constitue la plus haute des récompenses :

1861. M. Thiers (choix de l'Académie française). — 1863. M. Oppert (choix de l'Académie des inscriptions et belles lettres). — 1865,

20,000 francs, qui doit être « attribuée tour à tour à l'œuvre ou à la découverte la plus propre à honorer ou à servir le pays, qui se sera produite pendant les dix dernières années, dans l'ordre spécial des travaux que représente chacune des cinq Académies de l'Institut de France. » Ce prix est décerné sur la désignation successive de chacune des Académies, sanctionnée par la majorité des suffrages des cinq Académies réunies.

L'INSTALLATION.

On a vu que l'Institut avait été primitivement installé au Louvre. Un décret impérial du 1er mars 1805 lui attribua le palais Mazarin, et, le 4 octobre 1806, les quatre classes s'assemblèrent, pour la première fois, dans l'ancienne chapelle qui occupe le centre de l'édifice du collège des Quatre-Nations, convertie par Vaudoyer en un amphithéâtre de médiocre dimension. C'est là, que depuis quatre-vingt-dix ans, se tiennent les séances publiques de l'Institut, les réunions annuelles de chacune des Académies et les séances de réception de l'Académie française. Cette enceinte, « où se sont

M. Wurtz (choix de l'Académie des sciences). — 1861. M. Félicien David (choix de l'Académie des beaux-arts) — 1869. M. Henri Martin (choix de l'Académie des sciences morales et politiques). — 1871. M. Guizot (Académie française). — 1873. M. Mariette (Inscriptions et belles-lettres). — 1875. M. Paul Bert (Sciences). — 1877. M. Chapu (Beaux-Arts). — 1879. M. Demolombe (Sciences morales). — 188'. M. Désiré Nisard (Académie française). — 1883 M. Paul Meyer (Inscriptions et belles lettres). — 1885. M. Brown Séquard (Sciences). — 1887. M Antonin Mercié (Beaux-Arts). — 1889. Mme veuve Caro, pour l'ensemble des œuvres de son mari (Sciences morales et politiques). — 1891. Mme veuve Fustel de Coulanges, pour l'ensemble des œuvres de son mari (Académie française). — 1893. M. James Darmesteter (Inscriptions et belles-lettres).

succédé tant d'orateurs ou d'auditeurs illustres, emprunte, de son histoire même, des souvenirs qu'elle évoque et des traditions qu'elle perpétue. une certaine majesté sereine, dont nulle part ailleurs on ne saurait trouver l'équivalent (1) ».

Quant aux séances ordinaires des Académies, elles se tinrent, pendant quarante années, dans une salle du bâtiment construit en façade sur la rue Mazarine. Ce fut seulement sous la monarchie de Juillet, que l'on construisit un nouvel édifice, dans la partie de la grande cour limitée par les maisons élevées sur l'ancien emplacement de la tour de Nesles et de l'enceinte de Philippe-Auguste. Les travaux furent entrepris, en 1842, sous la direciion de Hippolyte Le Bas, et l'Institut prit possession du nouveau local, au mois de mai 1846.

L'entrée, située à l'angle gauehe de la cour, donne accès à un escalier double, précédé d'un vestibule orné de plusieurs bustes d'académiciens. A l'entresol, se trouvent les salles de commissions, les cabinets des secrétaires perpétuels et le secrétariat. Au premier étage, on pénètre d'abord dans une sorte d'antichambre desservant à la fois la bibliothèque et les salles des séances.

Ces dernières sont précédées d'une galerie ornée de la statue de Châteaubriand par Duret, et d'une série de bustes en marbre des membres des cinq Académies; elles sont au nombre de deux : la première et la plus grande est affectée aux séances non publiques des cinq Académies et aux réunions hebdomadaires des Académies des Inscriptions et Belles-Lettres, des Sciences et des Beaux-Arts ; la deuxième, de moindre dimension, est occupée par l'Académie française et l'Académie des Sciences morales et politiques.

La grande salle contient cinq statues en pied, dix-huit portraits peints en forme de médaillons et enchâssés dans les

(1) Comte H. Delaborde, *le Palais de l'Institut*,

moulures des boiseries, et dix-neuf bustes de membres des anciennes Académies ou de l'Institut (1).

La petite salle, au fond de laquelle est le portrait du cardinal de Richelieu, d'après Philippe de Champaigne, contient les bustes de quatorze personnages ayant appartenu à l'Académie française ou à l'Académie des sciences morales et politiques. Les classiques fauteuils sont, en réalité, des banquettes dans la salle des séances solennelles, des chaises dans les autres salles.

La bibliothèque, qui est commune aux cinq Académies, est située dans les anciens bâtiments; elle se compose d'une vaste salle de travail, dont les murs sont garnis de livres, tandis que le centre est occupé par une série de longues tables; il y a, en outre, deux petites pièces réservées aux académiciens. Comme dans le reste de l'édifice, tout y est d'une austère simplicité. De vastes locaux adjacents sont destinés à l'emmagasinement des livres. A l'origine de l'Institut, la bibliothèque se composait de quelques milliers de volumes, provenant des collections formées par les anciennes Académies, et de celles de la ville de Paris. Elle s'est augmentée successivement des fonds rapportés de l'étranger, après les campagnes de 1796 et 1797, et d'une série d'ouvrages offerts soit par l'État, soit par les auteurs, ou acquis au moyen des ressources du budget annuel. Des donations considérables, telles que celles des papiers de d'Alembert, de Condorcet, de Lagrange, de Lacroix, de Charles, de Percier, de Letarouilly et de tant d'autres écrivains ou artistes, ont notablement accru ces richesses.

La bibliothèque contient aujourd'hui plus de deux cent vingt mille livres ou manuscrits et, comme ce nombre s'aug-

(1) *Les statues sont celles de Corneille par Laitié, Molière par Duret, Pierre Puget par Desprez, Poussin par Auguste Dumont, Racine par Lemaire et La Fontaine par Seurre aîné. Parmi les bustes, se trouve celui de Bonaparte, en costume de membre de l'Institut.*

mente incessamment, la place fait défaut et l'installation actuelle devient très insuffisante.

La grande salle de la bibliothèque n'est pas seulement destinée au travail ; elle sert fréquemment de lieu de réunion, avant les séances solennelles ou avant le départ pour les cérémonies auxquelles est conviée une députation de l'Institut. Les membres de plusieurs Académies ont coutume de s'y rendre, soit avant, soit après les réunions hebdomadaires ; elle devient ainsi « un salon où les conversations engagées au hasard des rencontres, ont pour effet de resserrer les liens établis par les statuts entre les membres et d'entretenir, même en dehors des travaux communs, cet esprit de confraternité académique, qui fait, d'un corps essentiellement aristocratique en soi, une société égalitaire par excellence et, de tous ceux qui la composent, une seule famille (1) ».

(1) Le Comte H. Delaborde, *le Palais Mazarin*

IV

LE PERSONNEL DE L'INSTITUT.

LES ACADÉMICIENS TITULAIRES.

En récapitulant le nombre des membres titulaires nommés ou élus depuis 1795, dans les diverses Classes ou Académies (1), on arrive à un chiffre total de 1,134, qui se répartit de la façon suivante (2) :

Académie française		221
—	des inscriptions et belles-lettres	191
—	des sciences	327
—	des beaux-arts	223
—	des sciences morales et politiques	172

(1) Tous les chiffres qui sont donnés ici ont été arrêtés à la date du 1er août 1895; aucune élection ne devant avoir lieu entre ce jour et le 25 octobre prochain, on a réellement la statistique exacte du premier siècle de l'Institut.

(2) Dans les chiffres ci-dessus, on comprend : pour l'Académie française, les membres ayant siégé dans la section de grammaire et dans celle de poésie de la troisième classe de l'Institut, entre 1795 et 1803, et ceux qui ont fait partie de la Classe de la langue et de la littérature françaises entre 1803 et 1816. — Pour l'Académie des inscriptions, les membres nommés ou élus dans la section de langues anciennes et dans celle d'antiquités et monuments entre 1795 et 1803 et ceux de la classe d'histoire et de littérature ancienne (1803-1816). — Pour l'Académie des sciences, les membres de la première classe de l'Institut de 1795 à 1816. — Pour l'Académie des beaux-arts, les membres ayant fait partie des sections de peinture, de sculpture, d'architecture et de musique de la troisième classe, entre 1795 et 1803, ou de la quatrième classe entre 1803 et 1816 ; enfin, pour l'Académie des sciences morales, les membres de la deuxième classe de l'Institut entre 1795 et 1803.

Il faut cependant remarquer que le nombre des académiciens a été, en réalité, moins considérable. En effet, quatre d'entre eux, MM. de Pastoret, Dacier, Guizot et Le Breton, ont occupé trois fauteuils, tandis que soixante-dix-neuf autres ont fait partie de deux Académies, ce qui amène une réduction de quatre-vingt-sept, savoir :

Quatre membres ont fait partie de trois Académies, soit à déduire 8

Ont été membres titulaires :

De l'Académie francaise et de l'Académie des sciences morales .	30
De l'Académie des inscriptions et de l'Académie des sciences morales	24
De l'Académie française et de l'Académie des sciences.	10
De l'Académie française et de l'Académie des inscriptions. . . .	7
De l'Académie des sciences et de l'Académie des sciences morales.	4
De l'Académie des inscriptions et de l'Académie des beaux-arts. .	4
Total à déduire.	87

Le nombre total des académiciens se trouve ainsi ramené à mille quarante-sept.

Si l'on recherche leur origine, on reconnaît que la plupart des membres de l'Institut appartenaient à des familles modestes et, même parmi ceux dont les noms sont accompagnés d'un titre nobiliaire, plus de la moitié ont personnellement gagné cette distinction et ont été leurs propres ancêtres.

Nul livre ne serait plus admirable ni plus émouvant que celui dans lequel on raconterait l'histoire de la plupart de ces hommes. Combien d'efforts acharnés et de luttes héroïques, et quelle salutaire leçon ressortirait du contraste entre la société française du XIXe siècle, où l'amour du luxe, la soif du bien-être et l'habitude de la futilité d'esprit font chaque jour de nouveaux progrès, et ce monde des savants, où règnent la passion du travail, la curiosité du vrai, le dédain des richesses, le culte des choses de l'intelligence !

Pour compléter ce tableau, il serait piquant de montrer

sous quelle forme et dans quelle mesure les divers gouvernements qui se sont succédé, en France, depuis un siècle, ont honoré les littérateurs, les savants et les artistes. Si l'on examine la liste des quatre-vingts membres de l'Institut qu ont reçu des titres de noblesse, on est forcé de constater que ces distinctions ont été plus souvent motivées par des services politiques que par des titres académiques. L'on en pourrait dire autant à propos de l'ordre de la Légion d'honneur, qui a été, sous tous les régimes, le principal moyen de récompenser le mérite. On constate ceci : cinquante-un membres de l'Institut ont été élevés à la dignité de grand-croix et soixante-dix à celle de grand officier, cent cinquante-six ont obtenu le grade de commandeur et trois cent dix celui d'officier. Enfin trois cent vingt-un ont été seulement chevaliers, tandis que cent trente-neuf académiciens n'ont pas fait partie de l'ordre.

Il convient d'ailleurs de remarquer que plusieurs membres de l'Institut étaient morts avant l'institution de la Légion d'honneur, que d'autres, faits chevaliers à l'origine, ont trop peu vécu pour obtenir une promotion et qu'enfin, parmi les académiciens actuellement vivants et qui forment le quart de la liste, il en est beaucoup qui s'élèveront vraisemblablement plus haut. Mais, en tenant compte de tout cela et aussi de la situation particulière de certains hommes, auxquels leurs opinions politiques n'auraient permis d'accepter aucune faveur du pouvoir, on est malheureusement forcé de constater que les récompenses accordées sont bien peu en rapport avec les mérites respectifs de ceux qui les ont reçues. Ce sont souvent les hasards de la politique, parfois seulement ceux de la longévité, qui ont élevé si haut les uns et qui ont fait écarter les autres (1) et, parmi les savants qui ont illustré

(1) Pour n'en citer qu'un petit nombre d'exemples : on trouve que Lamartine, Alfred de Musset, Royer-Collard, Tocqueville, Rémusat et Taine étaient seulement chevaliers, et Victor Hugo officier, tandis

la France, en ce siècle, beaucoup auraient pu, comme Montalembert, inscrire, à la porte de leur demeure, cette belle et fière devise : *Plus d'honneur que d'honneurs.*

Quoi qu'il en soit, il est, pour les esprits supérieurs, un bien plus précieux que tout autre : c'est le travail, que le savant digne de ce nom, aime d'amour, comme on aime une dame, le travail qui porte avec soi tout ensemble la plus enviable récompense et le plus solide bonheur, alors même qu'il ne donne pas la gloire et n'assure pas l'immortalité. Le reste importe peu : « Les futiles hochets de la vanité, les faveurs trompeuses de la fortune, disait jadis Cuvier, voilà ce que la science nous défend impérieusement de poursuivre. Peut-être nous ordonne-t-elle encore de sacrifier les plus belles louanges du monde à la véritable gloire, dont le grand nombre est si rarement digne d'être juge (1) ».

S'il est vrai que la science, le talent, le génie même, ne conduisent pas infailliblement aux honneurs, encore moins peut-on dire qu'ils mènent à la fortune ; à cet égard encore, la vie d'un très grand nombre de membres de l'Institut offre de nobles exemples. En un temps où l'improbité et la nullité étalent à l'envi leur faste insolent, maint homme de grande valeur a été condamné à vivre dans la gêne la plus étroite (2).

que la dignité de grand'-croix avait été conférée à Lacuée, Reinhard, Cambacérès, Maret, Daru, Dupin et Sainte-Aulaire, etc. — A l'Académie des Sciences, Lalande n'a pas été décoré, Delambre, Montgolfier, Ampère, Cauchy, Brégnet, Fresnel n'ont été que chevaliers, mais Lacépède, Chaptal, Roussin, Paris, Jurien la Gravière, etc. ont eu le grand cordon. Aux Beaux-Arts, dans la section de musique, Ambroise Thomas est grand croix, tandis que Grétry, Monsigny et Boïeldieu n'ont pas dépassé le grade de chevalier. On pourrait multiplier à l'infini la liste de ces anomalies.

(1) Éloge d'Adanson.

(2) Il y aurait mille traits admirables à citer, dans la vie de ces hommes sans fortune, sans famille, sans appui, réduits à la plus noire misère, aux plus dures privations, qui se trouvent heureux de parvenir

A cette leçon, on peut en joindre une autre d'un caractère plus consolant ; c'est que le travail prolonge l'existence humaine, bien loin de l'abréger. Si l'Institut n'a pas vu d'autre membre centenaire que M. Chevreul, il a compté plusieurs nonagénaires, et le nombre des octogénaires y a toujours été considérable. Parmi ceux qu'une locution populaire qualifie d'*Immortels*, la longévité est assurément remarquable (1).

En peut-on dire autant de l'hérédité ? On trouve, sur la liste des académiciens, quatre-vingt-dix noms plusieurs fois répétés, mais il faut prendre garde que souvent ceux qui les portent n'appartiennent pas à la même famille (2), ou ne se tiennent

après de longues années du plus rude labeur, à une situation très modeste. Adanson est peut être le seul qui, recevant, à l'âge de cinquante-huit ans, l'avis de sa nomination à l'Académie des sciences, fut forcé de répondre qu'il ne pourrait se rendre à la séance parce qu'il n'avait pas de souliers, mais combien d'autres n'étaient pas beaucoup plus riches ! On en trouvera la preuve dans la lettre que le président de l'Institut adressait, le 22 mars 1800, à Bonaparte : « l'Institut national représente au premier consul qu'un très grand nombre de ses membres n'a pour subsister que les indemnités modiques qui leur sont attribuées, et que ces indemnités sont arriérées de onze mois. Ce retard en a réduit plusieurs à la plus grande détresse et à des expédients désespérés. L'Institut prie le premier magistrat de la République de prendre en considération les besoins de ces vétérans des sciences et de leur assurer régulièrement, tant pour le passé que pour l'avenir, une rétribution à laquelle l'existence d'un grand nombre d'entre eux est attachée. »

(1) Sur les huit cent trente deux membres décédés, on compte un centenaire, trente nonagénaires, quatre-vingt-un octogénaires et deux cent soixante-quinze septuagénaires, c'est-à-dire que la proportion des membres ayant dépassé l'âge de soixante-dix ans atteint presque soixante pour cent. Il faut ajouter que, parmi les deux cent quinze membres vivants, le nombre des octogénaires et des septuagénaires est actuellement de soixante-onze.

(2) Par exemple, le nom de Garnier se trouve cinq fois, sans qu'il y ait aucune parenté entre ceux qui l'ont porté ; il en est de même pour les noms de David et de Le Sueur, qui se retrouvent chacun trois fois, etc.

que par un degré éloigné de parenté (1). On constate vingt-six fois le cas d'un père et d'un fils, et onze fois celui de deux frères ayant fait partie de l'Institut ; une seule famille, celle de Becquerel, a eu l'honneur d'y voir trois générations représentées (2) ; une seule lui a donné trois frères : Napoléon Ier, le roi Joseph et Lucien Bonaparte.

L'examen de la liste des membres titulaires peut provoquer encore une observation. Il serait à la fois injuste et inexact de dire que l'on y trouve tous les noms célèbres dans la littérature, les sciences et les arts, mais il faut reconnaitre que le nombre de ceux qui manquent n'est pas considérable. Pour quelques-uns des absents, les motifs sont faciles à trouver : les académies, jusqu'à ce jour, du moins, n'ont pas été considérées comme de simples réunions de gens de lettres, de savants ou d'artistes, dans lesquelles le talent ou la notoriété suffisent à donner accès, mais comme des *compagnies* fermées aux hommes qui, par leur tenue ou par l'inconvenance de leurs œuvres se sont, en quelque sorte, exclus eux-mêmes de toute société décente et sérieuse. Pour d'autres, le temps a manqué (3). Le nombre des fauteuils étant limité, il arrive souvent que, pendant de longues années, aucune vacance ne vient à se produire. Pour ne citer qu'un exemple, on sait qu'aucun fauteuil n'a été disponible, de 1841 à 1874, c'est-à-dire pendant trente-trois ans, dans la section d'histoire de l'Académie des sciences morales et politiques (4).

(1) C'est ainsi que les trois de Wailly sont de la même famille mais non proches parents.

(2) Ce qui est plus remarquable encore, c'est que le grand-père, le fils et le petit-fils ont siégé simultanément dans la même section de l'Académie des sciences.

(3) Faut-il, par exemple, rappeler que Balzac et le général Foy sont morts à cinquante ans, Millevoye à trente quatre ans, Benjamin Constant, l'année même où il s'était présenté pour la première fois.

(4) Cette section se composait de MM. Mignet, Guizot et Naudet, élus en 1832, Michelet élu en 1835, Thiers élu en 1840 et A. Thierry élu en 1841. Le premier décès s'est produit en 1874.

Il faut l'avouer enfin, quelques exclusions ne se peuvent expliquer que par l'effet d'animosités personnelles ou par l'existence de certains préjugés. Les doctrines ont été quelquefois visées plutôt que les hommes et, quelquefois aussi, les académies ont peut-être poussé trop loin l'esprit de réaction contre les abus que l'on avait, non sans raison, reprochés aux compagnies du siècle dernier. L'ancienne Académie française avait fait à l'Église une place que l'on peut trouver exagérée, puisque quatre-vingt-quatorze de ses membres avaient appartenu au Sacré Collège, à l'épiscopat, ou au bas clergé ; la nouvelle Académie n'a-t-elle pas trop penché en sens contraire ? Sur les treize ecclésiastiques qui, depuis un siècle, y ont occupé un fauteuil, sept seulement ont été librement élus par la compagnie (1). La même observation peut s'appliquer à l'Académie des inscriptions et belles-lettres, au sein de laquelle le clergé avait tenu, au siècle dernier, une place si importante et, à plus forte raison encore, à l'Académie des sciences morales et politiques, où jamais n'a pénétré un homme d'Église.

Sainte-Beuve qui, cependant, trouve trop considérable encore la part faite au clergé, se plaignait, en revanche, que la politique eût trop influé sur les élections : « Aucun homme politique du second empire, quelque talent de parole ou de plume qu'il ait montré, n'a été, dit-il, nommé membre de l'Académie (2). » Peut-être pourrait-on signaler, en sens

(1) Depuis 1795 jusqu'en 1895, la classe de littérature et l'Académie française ont compté huit évêques et six prêtres ou religieux, mais trois prélats et un prêtre (de Roquelaure, de Boisgelin, Maury et Morellet) y sont entrés en qualité de membres de l'ancienne Académie ; Sicard, de Bausset et de Montesquiou ont été non pas élus, mais nommés : le premier en 1795, les deux autres en 1816. Il y a donc eu, en tout, quatre évêques élus (MM. de Quélen, de Frayssinous, Dupanloup et Perraud), un prêtre (M. de Féletz), et deux religieux (les abbés Lacordaire et Gratry).

(2) *Nouveaux Lundis*, vol. XII.

inverse, plusieurs élections dans lesquelles les opinions où la situation officielle du candidat ont eu plus de poids que son mérite. Quoi qu'il en soit de la valeur de ces critiques, elles ne comportent qu'une conclusion : en reprochant aux académiciens de n'être pas absolument exempts de passion, on constate simplement qu'ils sont des hommes.

LES MEMBRES LIBRES.

L'institution des membres libres ne remonte, on le sait, qu'à l'année 1816 ; on a vu également qu'elle existe seulement dans quatre académies. Leur nombre est très inférieur à celui des académiciens titulaires : il s'élève seulement à cent quatre-vingt-quatorze, savoir :

Académie	des inscriptions et belles-lettres.	5[illegible]
—	des sciences.	56
—	des beaux-arts.	47
—	des sciences morales et politiques. . . .	33
	Total.	194

Un seul membre libre, le duc de Blacas, a fait partie, en cette qualité, de deux Académies, mais vingt-trois autres sont devenus académiciens titulaires, de sorte que la liste du personnel de l'Institut n'a été augmentée, de leur fait, que de cent soixante-dix noms. En ajoutant à ce chiffre celui des académiciens titulaires, on trouve que le nombre des membres de l'Institut a été de douze cent dix-sept.

La liste des académiciens libres offre un caractère différent de celle des académiciens titulaires. Les membres libres, en effet, ne se recrutent pas de même façon. Aux termes du règlement de l'Académie des inscriptions, ils doivent être « connus par la culture et le goût éclairé des études historiques ou philologiques » ; d'après celui de l'Académie des beaux-arts, ils doivent être « choisis parmi les hommes distingués soit par leur rang et leur goût, soit par leurs connaissances théoriques et pratiques dans les beaux-arts ou qui auraient publié, sur ce sujet, des écrits remarquables ». En fait, ils doivent, dans la pensée des auteurs de l'ordonnance de 1816, représenter les membres honoraires des anciennes Académies. On voit que la moitié d'entre eux portent des titres de noblesse, les uns anciens, les autres modernes. Plusieurs ont joui d'une haute situation sociale, plusieurs aussi ont joué un rôle politique important, ont occupé les plus hautes fonctions et ont été élevés aux grades les plus élevés de l'ordre de la légion d'honneur.

LIEUX D'ORIGINE DES ACADÉMICIENS.

Si l'on recherche le lieu d'origine des membres de l'Institut, on constate que 465 académiciens sont nés à Paris ou dans sa banlieue (Seine et Seine-et-Oise) ; 83 à l'étranger ou dans les colonies et 669 dans les départements, entre lesquels ils se répartissent d'une façon très inégales, le Rhône, la Côte-d'Or et les Bouches-du-Rhône venant en tête de liste, avec un chiffre supérieur à vingt-cinq, tandis que les Hautes-Alpes et l'Allier n'ont aucun académicien titulaire. La liste ci-après fait connaitre les détails de cette répartition.

Numéros d'ordre.		Membres Titulaires.	Membres Libres.	Total.
	Paris et sa banlieue	399	66	465
	Colonies et étranger	72	11	83
	DÉPARTEMENTS.			
1	Rhône.	28	1	29
2	Côte-d'Or.	23	5	28
3	Bouches-du-Rhône	22	5	27
4	Seine-Inférieure.	16	6	22
5	Hérault	17	1	18
6	Ile-et-Vilaine	15	3	18
7	Doubs.	13	1	14
8	Manche	13	1	14
9	Nord.	12	2	14
10	Pas-de-Calais.	11	3	14

Numéros d'ordre.		Membres Titulaires.	Membres Libres.	Total.
11	Seine-et-Marne	13	0	13
12	Somme	13	0	13
13	Haute-Garonne	12	1	13
14	Ardennes	12	0	12
15	Gironde	11	1	12
16	Moselle	10	2	12
17	Bas-Rhin	10	2	12
18	Yonne	10	2	12
19	Calvados	9	3	12
20	Meurthe	11	0	11
21	Marne	10	1	11
22	Eure-et-Loir	8	3	11
23	Isère	7	4	11
24	Aube	9	1	10
25	Loiret	9	1	10
26	Maine-et-Loire	9	1	10
27	Haute-Vienne	9	1	10
28	Vaucluse	7	3	10
29	Var	9	3	12
30	Oise	6	3	9
31	Charente-Inférieure	8	0	8
32	Aisne	7	1	8
33	Gard	7	1	8
34	Loire	7	1	8
35	Puy-de-Dôme	6	2	8
36	Loir-et-Cher	7	0	7
37	Haut-Rhin	7	0	7
38	Indre-et-Loire	6	1	7
39	Saône-et-Loire	6	1	7
40	Orne	5	2	7
41	Finistère	4	3	7
42	Corrèze	6	0	6
43	Jura	6	0	6
44	Drôme	5	1	6
45	Lot-et-Garonne	5	1	6
46	Aude	4	2	6
47	Aveyron	5	0	5
48	Haute-Marne	5	0	5
49	Haute-Saône	5	0	5
50	Ain	4	1	5
51	Loire-Inférieure	4	1	5
52	Vendée	4	1	5
53	Lot	3	2	5
54	Vosges	2	3	5

Numéros d'ordre.		Membres Titulaires.	Membres Libres.	Total.
55	Charente	4	0	4
56	Lozère	4	0	4
57	Nièvre	4	0	4
58	Vienne	4	0	4
59	Meuse	3	1	4
60	Cher	3	1	4
61	Alpes Maritimes	3	0	3
62	Ardèche	3	0	3
63	Corse	3	0	3
64	Côtes-du-Nord	3	0	3
65	Dordogne	3	0	3
66	Gers	3	0	3
67	Indre	3	0	3
68	Landes	3	0	3
69	Morbihan	3	0	3
70	Basses-Pyrénées	3	0	3
71	Pyrénées-Orientales	3	0	3
72	Savoie	3	0	3
73	Tarn	3	0	3
74	Tarn-et-Garonne	3	0	3
75	Cantal	2	2	4
76	Eure	2	1	3
77	Mayenne	2	1	3
78	Sarthe	2	1	3
79	Ariège	2	0	2
80	Creuse	2	0	2
81	Hautes-Pyrénées	2	0	2
82	Haute Savoie	2	0	2
83	Deux Sèvres	2	0	2
84	Basses-Alpes	1	0	1
85	Haute Loire	1	0	1
86	Hautes-Alpes	0	1	1
87	Allier	0	1	1
	Totaux	1047	170	1217

LES ASSOCIÉS ÉTRANGERS.

L'existence des associés étrangers est aussi ancienne que celle de l'Institut; seule l'Académie française n'en possède pas. Leur nombre est peu considérable, puisque trente-deux fauteuils seulement leur sont réservés. Ils sont élus par les

Académies, sans qu'aucun règlement restreigne la liberté des choix ; en fait, la très grande majorité des associés est choisie parmi les correspondants de l'Institut, mais, dans certains cas, aussi les suffrages, se sont portés directement sur des personnages qui n'avaient jamais porté ce dernier titre.

Le nombre total des associés étrangers élus, depuis 1795, dans les quatre Académies, s'élève au chiffre de deux cent cinq : les trois quarts d'entre eux ont été choisis en Allemagne, en Grande-Bretagne et en Italie : l'Allemagne en a fourni le plus grand nombre aux Académies des inscriptions et des sciences, la Grande-Bretagne à l'Académie des sciences morales et politiques, l'*Italie* à l'Académie des beaux-arts. J'ai résumé dans le tableau ci-après, leur répartition exacte par Académie et par nationalité.

	Inscriptions	Sciences	Beaux-Arts	Sciences morales	Total
Allemagne du Nord, Hanovre, Saxe, etc.	26	22	14	9	71
Grande-Bretagne et Irlande . . .	8	21	4	12	45
Italie, Etats de l'Eglise, Deux-Siciles, etc.	8	4	24	4	40
Etats-Unis d'Amérique	»	1	2	5	8
Autriche-Hongrie et Bavière . . .	4	»	2	2	8
Suisse.	1	4	1	2	8
Suède, Norvége et Danemark. . .	2	3	2	»	7
Belgique.	1	1	2	2	6
Espagne et Portugal	»	»	3	1	4
Russie.	1	1	2	»	4
Pays-Bas	1	»	1	»	2
Amérique du Sud.	»	1	»	1	2
Total	52	58	57	38	205

LES ASSOCIÉS NON RÉSIDANTS ET LES CORRESPONDANTS.

Dans l'organisation primitive de l'Institut, on avait songé à corriger le principe de la centralisation si nettement établi par la Constitution de l'an III, en créant, au profit des Français non domiciliés à Paris, une catégorie d'associés non résidants, dont le nombre égalait celui des membres titulaires.

On abandonna ce système, en 1803. « Dans le nouveau projet d'organisation, lit-on, dans le rapport qui précède l'arrêté consulaire du 23 janvier 1803, on a cru devoir modifier l'état des associés ; cette dénomination a trompé sur la véritable nature de ces places. En les considérant à tort comme membres de l'Institut, on a trop multiplié ce titre pour en faire estimer tout le prix, et l'on a méconnu les fonctions de simple correspondance auxquelles les associés devaient être appelés. Il fallait aussi faire cesser l'abus des associés résidant à Paris, tandis qu'ils devaient habiter les départements. Désormais, ils porteront le titre de correspondants. Il pourra en être pris chez l'étranger ; ils perdront ce titre lorsqu'ils auront fixé leur résidence à Paris. Ils ne porteront pas le titre de membres ni l'habit de l'Institut. »

Les correspondants, dont le nombre a varié plusieurs fois depuis cette époque, peuvent être choisis indifféremment parmi les Français et les étrangers : la proportion respective entre les deux catégories n'est pas fixée, sauf à l'Académie des inscriptions et belles-lettres, où le nombre des étrangers est limité à trente, celui des nationaux à vingt.

Le nombre total des associés non résidants et des correspondants, depuis l'origine de l'Institut jusqu'à ce jour, s'élève au chiffre total de : quatorze cent soixante-deux, ainsi répartis entre les cinq académies.

Académie française (1)	15
— des inscriptions et belles-lettres	302
— des sciences	608
— des beaux-arts	293
— des sciences morales et politiques . . .	244
Total.	1.462

Comme quarante correspondants ont été inscrits dans deux académies, par suite, notamment, des modifications ap-

(1) On a classé ici les associés non résidants des sections de grammaire et de poésie de la troisième classe qui, entre 1795 et 1803, représentaient l'Académie française.

portées en 1803, à la constitution de l'Institut, ce chiffre doit être ramené à quatorze cent vingt-deux.

De ce nombre, il y a lieu de déduire encore les cent quarante-neuf *correspondants étrangers devenus associés*, et les cent six correspondants français élus académiciens titulaires ou membres libres, soit deux cent cinquante-cinq noms, savoir :

	Acad. française	Inscriptions	Sciences	Beaux-Arts	Sciences morales	Total
Correspondants devenus associés. . . .	»	39	49	37	24	149
— devenus Académiciens titulaires.	2	12	36	11	15	76
— devenus membres libres.	»	14	9	4	3	30
	2	65	94	52	42	255

Le chiffre total se trouve ainsi réduit à onze cent soixante-sept; il se décompose en six cent soixante-treize correspondants étrangers et quatre cent quatre-vingt-quatorze correspondants français.

En ce qui concerne les premiers, leur répartition entre les diverses nationalités est indiquée par le tableau ci-dessous.

	Inscriptions	Sciences	Beaux-Arts	Sciences morales	Total
Allemagne du Nord, Hanovre, Saxe, etc.	34	63	26	20	143
Grande-Bretagne, Irlande et colonies.	19	81	12	29	141
Italie, *États de l'Église*, Deux-Siciles, etc.	18	30	45	12	105
Suède, Norwège et Danemark. .	6	27	8	6	47
Suisse.	6	25	6	6	43
Belgique.	5	5	24	6	40
Autriche Hongrie et Bavière . . .	8	12	8	8	36
Russie.	4	14	10	7	35
Espagne et Portugal.	6	9	7	6	28
Pays-Bas	5	8	4	4	21
États-Unis d'Amérique.	1	11	1	7	20
Turquie	3	1	»	2	6
Grèce	4	»	2	»	6
États de l'Amérique du Sud . . .	»	1	»	1	2
	119	287	153	114	673

V

LES ACADÉMIES.

Après avoir envisagé l'ensemble de l'Institut, il convient de donner quelques indications sur chacune des cinq académies considérées isolément.

L'ACADÉMIE FRANÇAISE.

A quelle époque convient-il de faire remonter l'origine de l'Académie française ?

Dans l'organisation résultant de la loi de 1795, la troisième classe de l'Institut comprenait huit sections, dont deux seulement pouvaient être considérées comme représentant l'ancienne Académie française : c'étaient celle de grammaire et celle de poésie, comprenant chacune six membres.

L'arrêté du 23 janvier 1803, qui réorganisa l'Institut, créa une deuxième classe, dite de la langue et de la littérature françaises, composée de quarante membres ; mais ce fut seulement après la seconde Restauration, que l'ordonnance du 21 mars 1816 rétablit, avec son ancien nom et son ancien rang, l'Académie française. Il est donc possible d'hésiter entre les trois dates de 1795, de 1803 et de 1816 ; la meilleure solution parait être celle qui consiste à choisir la première, et à considérer comme ayant fait partie de l'Académie française : 1° les membres qui ont occupé, de 1795 à 1803 les douze fauteuils des sections de grammaire et de poésie de la troisième classe de l'Institut ; 2° les membres qui ont fait partie, entre 1803 et 1816, de la deuxième classe, et 3° les membres de l'Académie française nommés ou élus depuis la réorganisation de 1816. Ce point établi, voyons comment s'est opéré le recrutement.

L'arrêté du 20 novembre 1795, qui désignait les quarante-huit premiers membres de l'Institut, avait nommé, pour la section de grammaire, l'abbé Sicard et Joseph Garat; mais, ce dernier ayant opté pour la classe des sciences morales et politiques, fut remplacé par Andrieux. Les deux fauteuils de la section de poésie avaient été attribués à Marie-Joseph Chénier et à Écouchard Lebrun.

Le scrutin du 10 décembre 1795 appela l'évêque constitutionnel Villar et Louvet de Couvray dans la section de grammaire, Delille et Ducis dans celle de poésie. Les 14 et 15 du même mois, la première de ces sections fut complétée par l'élection de Domergue et de Noël de Wailly, la seconde par celles de Collin d'Harleville et de Fontanes.

Entre 1795 et 1803, six membres furent appelés à remplir les fauteuils vacants; or, parmi les dix-huit personnages ainsi nommés ou élus dans cette période, deux seulement, Delille et Ducis, avaient fait partie de l'ancienne Académie française.

L'arrêté des consuls, du 28 janvier 1803, nomma les quarante membres de la classe de la langue et de la littérature françaises. Cette liste comprenait d'abord : onze membres de la classe des sciences morales et politiques désormais supprimée, puis les six membres de la section de grammaire et les six membres de la section de poésie de la troisième classe, ainsi que deux académiciens qui en avaient été exclus : l'un, Fontanes, par un motif politique, l'autre, Delille, pour non résidence à Paris. Dix fauteuils furent attribués à un nombre égal de titulaires de l'ancienne Académie française (1) et la liste fut complétée par cinq noms nouveaux.

(1) Les dix membres de l'ancienne Académie, que l'arrêté de 1803 appela dans la classe de la langue et de la littérature françaises (outre Delille et Ducis nommés en 1795) étaient : La Harpe, Suard, Target, Morellet, Boufflers, de Bissy, Saint-Lambert, de Roquelaure, de Cucé et d'Aguesseau.

En fait donc, sur les quarante membres de la deuxième classe de l'Institut, douze seulement avaient siégé dans l'ancienne Académie française (1). Qu'étaient devenus les autres membres de cette compagnie ? Tout d'abord, huit fauteuils se trouvaient vacants, au moment de la dissolution, car on avait, depuis quelque temps, négligé de procéder à des élections, puis dix-sept académiciens étaient morts, quelques-uns d'une façon tragique (2) ; deux autres, Gaillard et Choiseul-Gouffier, avaient été placés dans la classe d'histoire et de littérature ancienne ; enfin le cardinal Maury, qui restait seul en dehors de l'Institut, rentra, par voie d'élection, en 1806.

L'ordonnance de 1816, qui rétablit l'Académie française, maintint vingt-neuf titulaires des fauteuils de la deuxième classe de l'Institut ; en outre, un membre de la troisième classe ayant fait partie de l'ancienne Académie française, Choiseul-Gouffier, fut rappelé dans la compagnie. La liste comprenait enfin huit noms nouveaux (3) ; les deux autres sièges furent

(1) Ceci montre à quel point sont fantaisistes les prétendues chronologies des fauteuils que l'on a souvent publiées, notamment à l'époque des élections académiques. Il n'y a en réalité que douze fauteuils pour lesquels on puisse rattacher exactement la période antérieure à 1793 à celle postérieure à 1803.

(2) Les dix-sept académiciens morts entre 1793 et 1803 étaient : Bailly (1793), Lamoignon de Malesherbes (1794), le cardinal de Bernis (1794), Loménie de Brienne (1794), de Chamfort (1794), Condorcet (1794), Florian (1794), Vicq d'Azir (1794), de Nicolay (1794), l'abbé Barthélemy (1795), de Bréquigny (1795), Sédaine (1797), le marquis de Montesquiou-Fezensac (1798), le duc de Nivernois (1798), Marmontel (1799), le duc d'Harcourt (1802) et le cardinal de Rohan (1803).

(3) C'étaient le cardinal de Bausset, le comte Ferrand, le duc de Lévis, le duc de Richelieu, de Bonald, Lally-Tollendal, l'abbé de Montesquiou et Laîné. Ces deux derniers n'osèrent pas refuser l'honneur que leur faisait le Roi, mais ils s'abstinrent de paraître à l'Académie. Cependant, la compagnie ayant, plus tard, par un vote unanime, choisi M. Laîné pour directeur, celui-ci répondit : « Cette fois, je suis de l'Académie, » et il vint siéger.

pourvus, par voie d'élection, le 11 avril suivant. On a vu précédemment que onze membres de la classe de la langue et de la littérature françaises se trouvèrent *implicitement* exclus de la nouvelle compagnie.

Depuis lors, la constitution de l'Académie française n'a subi aucune modification. Les explications précédemment données me dispensent d'en donner l'analyse : on a vu qu'elle est à peu près identique à celle des autres compagnies. Je rappelle seulement que l'Académie française n'a ni membres libres, ni associés étrangers, ni correspondants. Dans l'organisation première de l'Institut, les deux sections de grammaire et de poésie de la troisième classe avaient, comme les autres, des associés non résidants ; mais, lorsque ce titre a disparu, en 1803, la classe de la langue et de la littérature françaises n'a pas été dotée de correspondants.

Il me reste à indiquer la mission spéciale de la compagnie. Aux termes des statuts du 21 juin 1816, l'Académie française « a pour objet de travailler à épurer et à fixer la langue, à en éclaircir les difficultés et à en maintenir le caractère et les principes ; elle s'occupera, dans ses séances particulières, de tout ce qui peut concourir à ce but ; des discussions sur tout ce qui tient à la grammaire, à la rhétorique, à la poétique, des observations critiques sur les beautés et les défauts de nos écrivains, à l'effet de préparer des éditions de nos auteurs classiques, et particulièrement la composition d'un nouveau dictionnaire de la langue, seront l'objet de ses travaux habituels. »

L'Académie s'est en effet occupée de reviser le dictionnaire de la langue française publié pour la première fois en 1694 ; elle en a donné une cinquième édition en 1799, une sixième en 1835 et une septième en 1878. En outre de ce livre, que l'on nomme le dictionnaire de l'usage, la compagnie a entrepris la rédaction d'un vaste dictionnaire historique, dont les quatre premiers volumes ont seuls paru jusqu'à ce jour. Elle n'a, en dehors de cela, publié d'autre ouvrage que la collection complète des discours prononcés aux séances de réception et des rapports annuels du secrétaire perpétuel.

Le règlement de 1816 n'avait pas prévu ce qui est devenu, en fait, la principale occupation de la compagnie. L'article 8 portait que l'Académie décernerait, chaque année, un prix de 1,500 francs. Tout a changé depuis lors. Ainsi qu'on l'a vu, dès 1821, la compagnie était mise en possession d'un prix annuel fondé par M. de Montyon, pour récompenser les livres les plus utiles aux mœurs et, en 1835, le legs du baron Gobert mettait à sa disposition un revenu de plus de 10,000 francs à donner en prix « au morceau le plus éloquent d'histoire de France. » Depuis lors, les fondations Marcellin-Guérin, Archon-Despérouses et Bordin lui ont offert de nouveaux moyens d'encourager les œuvres littéraires ; l'histoire et le théâtre ont été spécialement dotés par les legs Thérouanne et Toirac, et le nombre des libéralités de ce genre n'a cessé d'augmenter. A côté des prix qui lui sont spéciaux, l'Académie a sa part dans la répartition des récompenses mises à la disposition de l'Institut tout entier. Enfin c'est principalement à elle qu'incombe la tâche délicate de distribuer ce que l'on nomme « les prix de vertu ».

Chaque année, les commissions nommées à cet effet, sont appelées à examiner, outre plusieurs centaines de volumes, plusieurs centaines de dossiers venus de tous les points de la France et signalant des actes de vertu, souvent même d'héroïsme. L'Académie consacre de nombreuses séances à entendre et, au besoin, à discuter ces rapports et, pendant plusieurs mois, elle se réunit deux fois par semaine, afin de suffire à ce travail. Le résultat de ses jugements est proclamé, chaque année, en séance publique ; le secrétaire perpétuel rend compte des concours littéraires et le président donne ecture du rapport sur les prix de vertu.

L'ACADÉMIE DES INSCRIPTIONS ET BELLES-LETTRES.

Les observations qui ont été présentées, relativement à l'origine de l'Académie française s'appliquent exactement à l'Académie des inscriptions et belles-lettres. Dans l'organisation de 1795, le domaine de l'érudition avait été singulièrement rétréci ; il était renfermé dans deux sections de la troisième classe, l'une dite des langues anciennes, l'autre des antiquités et monuments, ce qui représentait un personnel de douze membres.

Quelle part avait été faite aux souvenirs du passé et comment l'Institut était-il relié à l'ancienne Académie? Au moment où elle fut supprimée, l'Académie royale des inscriptions et belles-lettres comptait, en fait, neuf membres honoraires, quatorze pensionnaires et treize associés. Parmi les honoraires, trois étaient morts avant le mois de décembre 1795 ; des six qui vivaient encore, aucun ne rentra à l'Institut. En ce qui concerne les pensionnaires, le nombre des survivants était de onze ; trois d'entre eux, La Porte du Theil, Ameilhon et Leroy, furent nommés membres de la classe de littérature et beaux-arts ; trois autres, Bouchaud, Dacier et Gaillard, entrèrent dans la classe des sciences morales et politiques ; enfin quatre académiciens ne firent pas partie de l'Institut (1), mais deux d'entre eux reçurent le titre d'associés non résidants.

En ce qui concerne les associés, quatre entrèrent, dès 1795 dans la classe de littérature et beaux-arts (Dusaulx, S. de Sacy, Leblond et Dupuy) Larcher fut élu en 1796, trois furent

(1) Les trois pensionnaires morts entre 1795 et 1803 étaient : de Bréquigny, Barthélémy et Dupuy ; ceux qui ne furent pas nommés membres de l'Institut étaient : de Guigne, l'abbé Garnier et Gaultier de Sibert ; ces deux derniers furent nommés associés non résidants ; l'abbé Garnier fut nommé, en 1803, membre de la troisième classe.

nommés membres de la classe des sciences morales et politiques (de Pastoret, Gosselin et Levesque) et, parmi les quatre qui restèrent en dehors, l'un reçut le titre d'associé non résidant (1), et un autre, Choiseul-Gouffier, fut compris dans la réorganisation de 1803.

En fait donc, sur les douze membres qui composaient, en 1795, les sections des langues anciennes et des monuments, de la troisième classe, sept avaient appartenu à l'ancienne Académie des inscriptions et belles-lettres, trois autres avaient été associés libres de la même compagnie ; deux seulement, Langlès et Sélis lui étaient étrangers (2). Si l'on ajoute que Larcher et Anse de Villoison rentrèrent avant 1803, on voit que le lien entre le passé et le présent avait été très fermement maintenu.

Lorsque l'Institut fut réorganisé, en 1803, on y créa une classe d'histoire et de littérature ancienne, composée de quarante membres titulaires, de huit associés étrangers et de soixante correspondants. Cette troisième classe, qui n'était pas divisée en sections, représentait, en réalité, l'ancienne Académie des inscriptions et belles-lettres. Pour la former, on attribua les fauteuils : d'abord à vingt-trois membres de la classe des sciences morales et politiques désormais supprimée et aux douze membres de la section des langues anciennes et de la section des antiquités et monuments de la troisième classe, puis à un ancien membre de cette même classe, qui avait donné sa démission en 1796, enfin à trois pensionnaires ou associés de l'ancienne Académie des inscriptions et belles-lettres (3). Quant aux huit associés

(1) Houard fut nommé associé non résidant ; de Vauvilliers, Belin de Ballu et Guenée ne rentrèrent pas.

(2) Bitaubé avait été associé libre étranger, Mongez et Camus avaient été associés libres.

(3) Anquetil-Duperron avait été pensionnaire, Sainte-Croix associé libre, et Garnier associé non résidant.

étrangers, on avait maintenu ceux qui faisaient alors partie des deuxième et troisième classes. On a vu que, dans cette nouvelle organisation, les associés non résidants avaient disparu : ils étaient remplacés par des correspondants. Sur les soixante correspondants, les deux tiers avaient été pris parmi les associés non résidants ; les autres étaient des savants français ou étrangers.

L'ordonnance royale du 21 mars 1816, qui rendit à l'Académie des inscriptions et belles-lettres son nom et le rang qui lui était dû, en raison de la date de sa fondation, n'apporta aucune modification essentielle à l'organisation de la troisième classe ; elle créa seulement dix places de membres libres. Quant au personnel, il fut atteint moins gravement que celui de l'Académie française. Le gouvernement n'exclut que cinq membres : Joseph Bonaparte, Le Breton, Lakanal, Grégoire et Mongez : il ne pourvut d'office qu'à la vacance de deux fauteuils, laissant à l'Académie le soin de se compléter, et il ne nomma aucun des membres libres dont il avait augmenté le personnel de la compagnie. Quant aux correspondants, dont un règlement adopté par l'Académie, le 10 mai 1816, avait réduit de moitié le nombre, il fut décidé que l'on procèderait par voie d'extinction, en faisant seulement une élection sur deux vacances.

En 1823, une ordonnance royale datée du 1er octobre avait décidé que le nombre des fauteuils de l'Académie serait réduit de quarante à trente, mais cette mesure, rapportée par une autre ordonnance du 24 décembre 1828, ne produisit d'autre effet que de retarder un certain nombre d'élections. Il faut ajouter, pour ne rien omettre, que le nombre des correspondants a été successivement porté de trente à quarante, en 1830 et de quarante à cinquante, en 1839.

Le tableau suivant résume les diverses modifications apportées à la constitution de la compagnie.

	Membres titulaires	Membres libres	Associés étrangers	Associés non résidents	Correspondants
25 octobre 1795. . . .	12	»	3	12	»
23 janvier 1803 . . .	40	»	8	»	60
21 mars 18 6.	40	10	8	»	30
1er octobre 1823 . . .	30	10	8	»	30
24 décembre 1828. . .	40	10	8	»	30
16 mai 1830	40	10	8	»	40
6 février 1839. . .	40	10	8	»	50

Aucun changement n'est à signaler, depuis l'année 1839 et l'Académie se compose actuellement de quarante membres titulaires, dont un secrétaire perpétuel, dix membres libres, huit associés étrangers, vingt correspondants français et trente correspondants étrangers.

Le règlement de l'Académie des inscriptions et belles-lettres a été approuvé par un décret du 16 mars 1830; il a subi, depuis lors, peu de modifications et il est, dans la plupart de ses dispositions essentielles, conforme à celui des autres compagnies, dont j'ai précédemment donné le résumé.

En ce qui concerne le domaine propre de la compagnie, l'article 42 s'exprime ainsi: « L'objet principal des travaux de l'Académie étant l'histoire, c'est-à-dire la connaissance des hommes et des événements, des époques et des lieux, des mœurs et des usages, des institutions et des lois, des opinions religieuses et philosophiques, l'Académie s'attachera à l'étude de la chronologie et de la géographie, des médailles, inscriptions et monuments de toute espèce, qui concernent et peuvent éclairer l'histoire ancienne, ainsi que celle du moyen âge et des temps modernes; à l'étude critique et philologique des langues anciennes, des langues orientales et des idiomes du moyen âge; à l'explication des titres, diplômes et antiquités de la France et des autres pays, particulièrement de ceux dont les intérêts sont ou ont été mêlés avec ceux de la France. »

Pour la préparation de ses travaux et pour la continuation des publications qu'elle a entreprises, l'Académie nomme, chaque année, une série de commissions, savoir celle de l'histoire littéraire de la France, celle du *Corpus inscriptionum semiticarum*, celle des antiquités de la France celle des études du nord de l'Afrique. Il y a, en outre, deux commissions permanentes, celle des inscriptions et médailles et celle des travaux littéraires; cette dernière est chargée de surveiller la continuation des Notices et extraits des manuscrits de la Bibliothèque nationale, du Recueil des historiens des Gaules et de la France et des Historiens des Croisades.

Enfin, l'Académie exerce un haut patronage sur plusieurs grandes écoles savantes. C'est ainsi que les membres du Conseil de perfectionnement de l'École des Chartes sont nommés par l'Académie, et que la compagnie est chargée de la direction scientifique de l'École française d'Athènes et de l'École de Rome, dont les membres doivent lui adresser leurs travaux, mémoires, et comptes rendus de découvertes et de fouilles.

Moins richement dotée que l'Académie française, l'Académie des inscriptions dispose cependant du revenu d'un certain nombre de fondations. Elle décerne, chaque année, le prix Gobert d'une valeur actuelle de 10,000 francs « au travail le plus savant ou le plus profond sur l'histoire de France et les études qui s'y rattachent », et plusieurs autres récompenses de moindre importance, aux auteurs de certains ouvrages ou aux lauréats des concours dont elle fixe le sujet. A ces récompenses, elle joint le droit de décerner, à tour de rôle, les prix résultant de fondations communes à toutes les académies.

L'ACADÉMIE DES SCIENCES.

Des cinq compagnies qui composent l'Institut, l'Académie des sciences est celle dont la constitution a le moins varié.

Entre la première classe dite des sciences physiques et mathématiques, instituée en 1795, et l'Académie des sciences organisée en 1816, les différences sont en réalité, peu importantes.

D'après la loi du 25 octobre 1795, la première classe comprenait soixante membres, huit associés étrangers et soixante associés dans les départements; elle était divisée en dix sections de six membres chacune. Cette organisation était à peu près identique à celle de l'ancienne Académie des sciences, sauf que l'on y ajoutait une section de médecine et chirurgie (1). Son personnel même avait été, en grande partie, recruté parmi les anciens académiciens. C'est ainsi que, sur vingt membres nommés par l'arrêté du Directoire du 20 novembre 1795, quatorze avaient fait partie de l'Académie royale, et, sur les quarante fauteuils laissés à l'élection, vingt-cinq furent donnés à des pensionnaires ou associés de cette ancienne compagnie.

Si l'on ajoute que trois autres académiciens rentrèrent à l'Institut avant 1803, que deux de leurs confrères furent placés, en 1795, dans la classe des sciences morales et politiques, à laquelle appartenait alors la section de géographie, enfin que deux autres furent compris sur la liste des associés non résidants, on constate ce fait que, sauf cinq exceptions, tous les

(1) Dans l'ancienne Académie, chaque classe (ce que l'on nommait section dans l'organisation nouvelle) comprenait trois pensionnaires et trois associés, soit six membres. Il y avait neuf classes qui furent conservées sauf quelques changements de nom; celle de *géométrie* devint la section de mathématiques, celle de *mécanique* fut dite des arts mécaniques; celle de *physique générale* fut dénommée de physique expérimentale, celle de *chimie* et *métallurgie* devint celle de chimie, celle de *botanique et agriculture* fut dédoublée et forma les sections de botanique et physique végétale et d'économie rurale et art vétérinaire. A celle d'anatomie, on ajouta la zoologie; enfin celle d'histoire naturelle et minéralogie fut remplacée par celle de médecine. Quant à celle d'astronomie, elle fut maintenue sous le même titre.

membres de l'Académie royale des sciences, encore vivants en 1795, firent partie de l'Institut (1).

(1) Au moment où elle cessa d'exister, l'Académie des sciences comprenait six membres honoraires, trois vétérans, vingt-quatre pensionnaires, un secrétaire, un trésorier, six associés libres, deux associés vétérans et vingt-deux associés ordinaires, soit, en tout, soixante-cinq membres. Des six membres honoraires, deux furent guillotinés (Malesherbes et Bochard de Saron), et trois autres moururent en 1794 (Machault, Amelot et Loménie de Brienne). Le dernier, Laluzerne, qui mourut en 1799 seulement, ne rentra pas à l'Institut. Sur les trois pensionnaires vétérans, Petit était mort en 1794. Lagrange fut nommé membre de l'Institut et Lemonnier associé non résidant.

Sur les vingt-quatre pensionnaires, un avait péri sur l'échafaud (Bailly), dix-neuf furent nommés membres titulaires, et un (Baumé) associé non résidant, en 1795 ; deux autres furent élus entre 1796 et 1801 ; un seul, Cadet de Gassicourt, ne fut pas appelé à siéger dans l'Institut.

Le secrétaire (Condorcet) et le trésorier (Lavoisier) étaient morts, on sait, hélas ! de quelle façon Des six associés libres, Perronnet était mort, Pingré fut nommé membre de la première classe, Bougainville entra dans la deuxième classe, Bory fut élu en 1796, Barthez fut nommé associé non résidant, Poissonnier seul ne fit pas partie de l'Institut. L'un des deux associés vétérans, Demours était décédé en 1793 ; l'autre, le duc de Lauraguais, ne rentra qu'en 1816, comme membre libre de l'Académie des sciences.

Enfin, sur les vingt-deux associés ordinaires, dix-huit furent nommés ou élus membres de la première classe, en 1795 ; un autre (Buache) siégeait dans la seconde classe ; les trois derniers (Meusnier, Dionis du Séjour et Vicq d'Azyr) ne vivaient plus.

En résumé donc, sur les soixante-cinq membres de l'ancienne Académie des sciences, cinquante-deux étaient encore vivants en 1795 ; sur ce nombre, trente-neuf entrèrent immédiatement dans la première classe, trois autres furent élus avant 1803 ; deux, placés dans la deuxième classe, rentrèrent en 1803, dans la première ; trois furent nommés associés non résidants. Il faut ajouter que l'un des cinq qui ne firent pas alors partie de l'Institut, rentra en 1816.

Dans son histoire de l'ancienne Académie des sciences, M. Alfred

Lors de la réorganisation de 1803, on ajouta à la première classe de l'Institut, la section de géographie et navigation (1), qui faisait antérieurement partie de la classe des sciences morales et politiques ; mais on réduisit de six à trois le nombre de ses membres. En outre, on créa deux secrétaires perpétuels, l'un pour les sciences mathématiques, l'autre pour les sciences physiques, tous deux choisis en dehors des sections ; le nombre total des fauteuils se trouva donc porté à soixante-cinq. Quant aux associés non résidants, ils furent remplacés par des correspondants, que la classe eut la liberté de choisir soit parmi les nationaux, soit parmi les étrangers, et dont le chiffre fut porté à cent.

Le gouvernement n'eut pas l'occasion de modifier ni de compléter le personnel de la première classe ; tous les membres en possession actuelle d'un fauteuil furent maintenus, et toutes les élections nécessaires pour pourvoir aux vacances furent régulièrement faites, en la forme habituelle.

On a vu que l'ordonnance de 1816 rétablit, avec son ancien titre, l'Académie des sciences, à laquelle l'époque de sa fondation assigna le troisième rang, au lieu du premier. En même temps, furent créées dix places de membres libres. Enfin, le gouvernement crut devoir rayer de la liste de la

Maury dit que, dans les quatre années qui s'écoulèrent entre le commencement de 1792 et la fin de 1795, l'Académie avait perdu la moitié de ses membres. Cette assertion est contredite par les faits : on voit par l'exposé ci-dessus que, sur soixante cinq membres, treize seulement, parmi lesquels cinq honoraires, avaient cessé de vivre pendant cette période.

(1) On peut également noter quelques changements dans la dénomination des sections : celle de mathématiques fut nommée de géométrie, celle d'arts mécaniques fut dite de mécanique, celle de physique expérimentale devint celle de physique générale, celle d'histoire naturelle et minéralogie devint simplement celle de minéralogie, celle de botanique et physique végétale fut dite de botanique. L'ordre respectif des sections fut aussi modifié ; il n'a plus été changé depuis lors.

section de mécanique, Monge et Carnot [1] qu'il remplaça d'office par Cauchy et Bréguet, mais là se bornèrent les innovations et, si l'on excepte l'addition de trois membres à la section de *géographie et de navigation*, en vertu du décret du 3 janvier 1866, la constitution de l'Académie des sciences n'a subi aucune modification. Voici quelle est son organisation actuelle :

SCIENCES MATHÉMATIQUES	Membres titulaires	Membres libres	Associés étrangers	Correspondants
1. Géométrie.	6	»	»	6
2. Mécanique.	6	»	»	6
3. Astronomie	6	»	»	16
4. Géographie et navigation.	6	»	»	8
5. Physique générale . . .	6	»	»	9
Secrétaire perpétuel . . .	1	»	»	»
SCIENCES PHYSIQUES				
6. Chimie	6	»	»	9
7. Minéralogie	6	»	»	8
8. Botanique.	6	»	»	10
9. Economie rurale . . .	6	»	»	10
10. Anatomie et zoologie . .	6	»	»	10
11. Médecine et chirurgie. .	6	»	»	8
Secrétaire perpétuel. . .	1	»	»	»
Total	68	10	8	100

Le règlement de l'Académie des sciences adopté en 1816, et approuvé par une ordonnance royale du 5 mai de la même année, est plus laconique et plus simple que celui des autres compagnies : il ne contient que treize articles et l'on n'y trouve rien qui diffère essentiellement de ce qui a été

(1) Monge était ministre, au moment où fut exécuté le roi Louis XVI, et Carnot, pendant les Cent-Jours, avait accepté le ministère de l'Intérieur et le titre de comte. On peut remarquer, à ce propos, que Monge était entré à l'Institut en vertu d'une nomination du gouvernement et non d'une élection. Quant à Carnot, il avait été une première fois exclu de l'Institut, en 1797, et remplacé par Bonaparte.

exposé ci-dessus ; on peut seulement rappeler que l'Académie a deux secrétaires perpétuels, l'un pour les sciences physiques, l'autre pour les sciences mathématiques et que le président doit être alternativement choisi dans les sections mathématiques et dans les sections physiques. Le but même des travaux de l'Académie n'est pas indiqué par le règlement ; mais le domaine de la science est à la fois si vaste et si nettement délimité qu'il n'a pas semblé nécessaire de le définir. Il n'est pas, depuis l'origine du monde, un siècle dont les découvertes scientifiques puissent se comparer avec celles qui se sont si rapidement succédées depuis cent ans ; la France n'a pas été la seule à préparer cet admirable mouvement, mais, pour voir combien sa part a été grande et belle, il suffit de parcourir cette liste glorieuse, en tête de laquelle sont écrits les noms de Lagrange et de Laplace, et qui se termine par celui de Pasteur, le seul vivant que j'ose ici nommer, parce qu'il est déjà entré dans l'immortalité.

Pour encourager les travaux scientifiques, l'Académie possède d'importantes ressources. Sans parler de la part qui lui revient dans les prix alternativement décernés par les cinq compagnies de l'Institut, elle est dotée de plus de cinquante fondations. Les importantes ressources dont elle dispose lui permettent donc de récompenser largement et d'encourager d'une manière efficace les auteurs de travaux et de découvertes de tout genre.

L'ACADÉMIE DES BEAUX-ARTS

On a déjà vu que, dans l'organisation primitive de l'Institut, les beaux-arts avaient été confondus dans la troisième classe, avec la littérature et l'érudition. On leur avait attribué vingt-quatre fauteuils, répartis également entre quatre sections respectivement dénommées : de peinture, de sculpture, d'architecture, enfin de musique et déclamation. Il y avait, en outre, un nombre d'associés non résidants égal à celui des membres titulaires.

Tous les fauteuils des sections de peinture et de sculpture furent donnés à des anciens membres de l'Académie royale de peinture et de sculpture (1), tous ceux de la section d'architecture à des anciens membres de l'Académie royale d'architecture (2), ceux de la section de musique et déclamation furent attribués à trois compositeurs et à trois célèbres acteurs de la Comédie française.

Sous le régime établi en 1803, la quatrième classe de l'Institut portait le titre de classe des beaux-arts. Elle était divisée en cinq sections : celle de peinture avec dix fauteuils, celles de sculpture et d'architecture ayant chacune six fauteuils, celle de gravure et de composition musicale en ayant chacune trois : il y avait, en outre, un secrétaire perpétuel

(1) L'Académie royale de peinture et de sculpture était ainsi composée, au moment où elle fut dissoute : un directeur, six recteurs et adjoints à recteurs, six honoraires amateurs, quatre honoraires associés libres, quatorze professeurs et six professeurs adjoints, huit conseillers, un secrétaire et historiographe, cinquante-neuf académiciens et quarante-sept agréés non reçus. Plusieurs femmes figuraient sur la liste, qui comprenait plus de deux cent cinquante noms. Sur ce nombre, douze furent nommés membres de l'*Institut* et *cinq associés non résidants*, lors de l'organisation de 1795. Sept autres rentrèrent dans la classe des beaux-arts entre 1803 et 1816 et deux de leurs confrères furent nommés correspondants pendant cette période. Parmi ceux qui ne furent jamais appelés à siéger à l'Institut, beaucoup sont ignorés, mais quelques-uns ont laissé un nom dans l'histoire de l'art et l'on est surpris de trouver parmi les exclus, des artistes tels que Greuze, Allegrain, Lagrenée, Valenciennes, Fragonard, Clodion, Julien et Demarne.

(2) Cette Académie comptait, en 1793, dix-sept membres de première classe, quinze membres de seconde classe, quatre honoraires associés libres et onze correspondants. En dehors des six membres qui entrèrent à l'Institut, en 1795, deux autres furent élus entre 1795 et 1799 ; aucun de leurs confrères n'a figuré sur les listes de l'Institut.

pris en dehors des sections, ce qui portait à vingt-neuf le nombre des membres titulaires. Il existait, enfin, comme dans les autres classes, huit associés étrangers et des correspondants nationaux ou étrangers, au nombre de trente-six. La principale innovation consistait donc dans la création d'une section de gravure et dans la modification du titre de la dernière section : il n'était plus question de déclamation et l'on renonçait à faire une place aux acteurs, si éminent que put être leur mérite (1).

La liste annexée à l'arrêté du 28 janvier 1803 reproduisait exactement celle des membres des quatre sections de l'ancienne troisième classe : elle contenait la désignation d'office des titulaires des trois fauteuils de la section de gravure et des deux fauteuils nouveaux de la section de peinture (2).

On a vu que, pendant les Cent-Jours, un décret du 27 avril 1815 porta de vingt-neuf à quarante-un, le nombre des membres titulaires de la quatrième classe; il fixa à douze, au lieu de dix, le nombre des fauteuils de la section de peinture, à huit, au lieu de six, ceux de la section d'architecture; en outre il rendit à la section de musique les trois places supprimées en 1803, enfin il créa une nouvelle section, dite d'histoire et théorie des beaux-arts. La classe procéda aux élections nécessaires pour remplir les nouveaux fauteuils, mais, après la chute de Napoléon, le ministre de l'Intérieur fit signifier que, jusqu'à nouvel ordre, les membres ainsi

(1) On a vu ci-dessus (p. 38), dans quels termes violents, le ministre de l'Intérieur dans son rapport au premier Consul critiquait la présence des comédiens à l'Institut. On procéda, d'ailleurs, par voie d'extinction. Molé était mort et Préville avait donné sa démission ; quant à Monvel et à Grandménil, ils siégèrent jusqu'à leur mort.

(2) La section de peinture se trouvait ainsi portée à huit membres ; les deux derniers fauteuils ne devaient être donnés qu'au fur et à mesure des extinctions produites dans la section de musique, dont trois sièges étaient supprimés.

élus ne devaient point se considérer comme faisant partie de l'*Institut*.

L'ordonnance du 21 mars 1816, qui a reconstitué l'Académie des beaux-arts avec son titre et sa forme actuelle, lui a laissé le nombre de membres prévus par le décret de 1815, mais elle en a réglé autrement la distribution. Elle a donné quatorze fauteuils à la section de peinture, huit à celles de sculpture et d'architecture, quatre à celle de gravure ; elle en a laissé six à la section de composition musicale, mais elle a supprimé la section d'histoire et théorie des beaux-arts, qui s'est d'ailleurs trouvée remplacée, en grande partie, par la création de dix sièges de membres libres. Enfin elle a porté, de huit à dix, le nombre des associés étrangers et de *trente-six* à *quarante* celui des correspondants. En ce qui concerne le personnel, les exclusions se bornaient à David, qui était remplacé d'office, dans la section de peinture, par Le Barbier, membre de l'ancienne Académie royale, et à Lebreton, secrétaire perpétuel, dont on laissait à l'Académie le soin de désigner le successeur. Quant aux douze membres élus en 1815, et dont l'élection avait été suspendue, neuf furent définitivement nommés par l'ordonnance organique, les trois derniers rentrèrent promptement à l'Académie (1).

La composition de l'Académie des beaux-arts n'a subi, depuis 1816, qu'une seule modification : le chiffre des correspondants a été élevé de quarante à cinquante, par le décret du 25 avril 1863.

Le tableau ci-après résume les différentes modifications qui ont été précédemment signalées ; la dernière colonne, celle de 1863, indique exactement l'organisation actuelle de l'Académie. On peut ajouter que, sur les cinquante correspondants, quarante sont répartis entre les sections, de telle sorte que

(1) Tous les membres élus en 1815 furent nommés membres titulaires, à l'exception de Castellan, qui fut seulement élu membre libre, le 6 avril 1816.

leur nombre égale exactement celui des membres titulaires; les dix autres sont nommés correspondants libres.

		1795	1803	1815	1816	1863
SECTIONS	Peinture	6	10	12	14	14
	Sculpture	6	6	6	8	8
	Architecture	6	6	8	8	8
	Gravure	»	3	3	4	4
	Musique et déclamation	6	»	»	»	»
	Musique (composition)	»	3	6	6	6
	Histoire et théorie des beaux-arts	»	»	5	»	»
	Secrétaire perpétuel	»	1	1	1	1
	Membres libres	»	»	»	10	10
	Associés étrangers	4	8	8	10	10
	Associés non résidents	24	»	»	»	»
	Correspondants	»	36	36	40	50

V. — L'ACADÉMIE DES SCIENCES MORALES ET POLITIQUES

La classe des sciences morales et politiques, fondée à l'origine de l'Institut, n'a eu tout d'abord qu'une existence éphémère. Elle comprenait trente-six membres, répartis également dans six sections ainsi dénommées : 1° analyse des sensations et des idées ; 2° morale ; 3° science sociale et législation ; 4° économie politique ; 5° histoire ; 6° géographie. Il y avait, en dehors des membres titulaires, huit associés étrangers, et trente-six associés nationaux, mais non résidants à Paris.

Comment avait été recrutée cette compagnie, qui n'avait eu, avant 1789, aucun équivalent? Sept fauteuils avaient été attribués à des membres de l'ancienne Académie des inscriptions et belles-lettres (1), deux autres à des membres de l'ancienne Académie des sciences (2). Les vingt-sept autres

(1) Bouchaud, Dacier et Gaillard avaient été pensionnaires, de Pastoret, Lévêque et Gosselin associés, Poirier associé libre.

(2) Buache et Bougainville.

académiciens furent choisis parmi les hommes connus par leur mérite ou par leur situation politique.

Lorsque Bonaparte « l'un des plus grands adversaires que la liberté ait jamais rencontrés dans le monde » comme l'a dit Tocqueville, résolut de modifier l'organisation de l'Institut, son premier soin fut de supprimer la classe des sciences morales. Il la fit rentrer, écrit M. Thiers (1) « dans la classe qui était vouée aux belles-lettres, disant que leur objet était commun, que la philosophie, la politique, la morale, l'observation de la nature humaine, étaient le fond de toute littérature, que l'art d'écrire n'en était que la forme, qu'il ne fallait pas séparer ce qui devait rester uni, que la classe consacrée aux belles-lettres serait bien futile, la classe consacrée aux sciences morales et politiques bien pédantesque, si elles étaient à *bon droit* séparées; que des écrivains qui ne seraient pas des penseurs et des penseurs qui ne seraient pas des écrivains ne seraient *ni l'un ni* l'autre... ces *idées* vraies ou fausses étaient plutôt un prétexte qu'une raison ». En fait, la philosophie fut frappée, « elle périt, comme c'était son droit, avec la liberté et pour elle (2). »

Les trente-six membres occupant alors les fauteuils de la deuxième classe furent ainsi répartis entre les trois premières classes de la nouvelle organisation : trois membres de la section de géographie furent appelés dans la classe des sciences; on fit entrer dans la classe de la langue et de la littérature française, trois membres de chacune des sections d'analyse des sensations, de législation et d'économie politique et deux membres de la section de morale; les vingt-deux autres titulaires de fauteuils furent placés dans la classe d'histoire et de littérature ancienne.

Lorsque, en 1816, la Restauration reconstitua l'Institut, elle demeura fidèle aux souvenirs du passé et elle n'eut garde de

(1) Histoire du Consulat et de l'Empire, livre XVI.

(2) Jules Simon. Une Académie sous le Directoire.

rétablir une institution qui datait seulement de 1795. Il était réservé à la monarchie de Juillet de faire revivre l'ancienne compagnie. M. Guizot « convaincu que c'est, pour le gouvernement, un intérêt éminent de se montrer, non seulement exempte de toute crainte, mais bienveillant et protecteur pour les travaux de l'esprit humain, aussi bien dans les sciences morales et politiques que dans les autres (1) » proposa au Roi de rétablir, en lui donnant le nom d'Académie, l'ancienne classe des sciences morales et politiques.

L'ordonnance royale qui consacrait cette mesure fut signée le 26 octobre 1832. Elle reconstituait, sous des noms un peu différents, les cinq premières sections : celle d'analyse des sensations et des idées devenait celle de philosophie ; celle de science sociale et législation était dite de législation, droit public et jurisprudence ; à celle d'économie politique, on ajoutait la statistique ; enfin on caractérisait celle d'histoire, par l'addition des mots *générale et philosophique*. Quant à la section de géographie, elle restait attachée à l'Académie des sciences. Chacune des sections ayant six membres, le nombre total des fauteuils était fixé à trente, y compris celui du secrétaire perpétuel qui continuait à faire partie de l'une des sections. Il y eut, en outre, cinq académiciens libres, cinq associés étrangers et quarante correspondants.

Comment serait composée la nouvelle Académie ? « J'étais bien décidé, dit M. Guizot, à ne faire faire, par ordonnance du Roi, aucune nomination académique ; l'élection est de l'essence des sociétés savantes ; on n'y entre dignement que par le choix de ses pairs. » En conséquence, on chargea les dix survivants de l'ancienne deuxième classe de l'Institut, et les deux associés non résidants devenus membres des autres Académies (2) de s'adjoindre quatre confrères choisis parmi

(1) Guizot, Mémoires, ch. XIX.

(2) Ces dix membres étaient : Dacier, Daunou, Garat, Lacuée, Roederer, Merlin, Siéyès, Talleyrand, Pastoret et Reinhardt. Les deux asso-

les membres de l'Institut, et ces seize académiciens se complétèrent par l'élection de sept nouveaux confrères. Ces vingt-trois membres procédèrent à la désignation des titulaires des sept derniers fauteuils. La première séance de l'Académie, définitivement constituée, se tint le 4 janvier 1833.

L'organisation de l'Académie fut sérieusement modifiée, sous le second Empire ; on n'osa pas aller jusqu'à la supprimer, mais on chercha à peser sur elle. Les *considérant* qui précèdent le décret impérial du 14 avril 1855 ont, d'ailleurs, une valeur à peu près égale à celle des motifs que donnait Bonaparte en 1803 ; ils portent que « les lois organiques ayant établi, entre les académies, une solidarité qu'il importe de maintenir », et que, l'Académie des sciences morales et politiques ayant un nombre de membres inférieur à celui des autres compagnies, il y a lieu de porter à quarante le nombre des fauteuils, ce qui permettra « de faire représenter, dans une section nouvelle, les sciences politiques, administratives et financières, dont la culture est l'un des principaux objets de l'institution de cette Académie. » Mais, au lieu de se conformer au précédent de 1832 et de respecter, comme l'avait fait le Gouvernement de Juillet, le principe de la liberté des élections, le décret désignait directement les dix nouveaux membres, par ce motif ou plutôt sous ce prétexte très vain qu' « aucune présentation ne pouvait être faite en section pour la première nomination des membres d'une section nouvelle. »

ciés étaient M. de Tracy, devenu membre de l'Académie française, et M. de Gérando, élu à l'Académie des inscriptions. M. Guizot raconte, dans ses Mémoires, que l'on ignorait l'existence de Lakanal. Ce dernier, qui était devenu cultivateur, au fond le plus reculé de l'Amérique, ayant appris le rétablissement de l'Académie, réclama son droit à siéger parmi ses anciens collègues ; on l'admit sans élection, au fauteuil laissé vacant par la mort de Garat et il revint en France, pour reprendre son siège qu'il occupa jusqu'à sa mort.

La section de politique, administration etfinances, n'a pas eu longue vie. Elle a été supprimée par un décret rendu sur le rapport de M. Duruy, le 9 mai 1866, et ses membres ont été répartis entre les cinq autres sections, dans chacune desquelles le nombre de fauteuils a été porté de six à huit. En même temps, le mot de *finances* a été ajouté au titre de la quatrième section.

Si l'on ajoute que le nombre des membres libres a été successivement élevé de cinq à six (décret du 7 janvier 1857), puis à dix (décret du 20 janvier 1887), celui des associés étrangers de cinq à six (décret du 28 mars 1857) et celui des correspondants de quarante à quarante-huit (décret du 17 janvier 1888), on aura épuisé la liste des modifications apportées à l'institution de l'Académie. Voici quelle est son organisation présente :

SECTIONS	Membres titulaires	Membres libres	Associés étrangers	Correspondants
Philosophie	8	»	»	9
Morale	8	»	»	9
Législation, droit public et jurisprudence	8	»	»	9
Economie politique, statistique et finances.	8	»	»	12
Histoire générale et philosophique	8	»	»	9
Total	40	10	6	48

Le règlement qui régit actuellement l'Académie a été approuvé par un décret du 17 janvier 1888. Il ne précise pas la nature des travaux de la compagnie; aussi bien ce domaine est-il assez clairement défini par les noms mêmes des cinq sections. Dans les premiers projets d'organisation de l'Institut, et notamment dans celui de Mirabeau, la première classe devait porter le nom de section philosophique;

on a cru devoir modifier ce titre, en 1795, pour lui substituer celui de classe des sciences morales et politiques (1) qui est à la fois plus long et moins exact et que l'on a conservé en 1832. Quoi qu'il en soit, les limites sont nettement tracées ; sur le seul point qui pût être douteux, celui de l'histoire, il est entendu que les études de l'Académie des inscriptions et belles-lettres s'arrêtent à la fin du moyen âge, tandis que celles de l'Académie des sciences morales commencent avec les temps modernes ; c'est ainsi que la collection des ordonnances des rois de France a été publiée par l'Académie des inscriptions jusqu'à l'année 1515 ; l'Académie des sciences morales est chargée de la continuer à partir du règne de François Ier.

En dehors de cette grande publication qu'elle dirige, l'Académie encourage, par ses missions et par ses concours, une série de travaux sur les questions les plus variées ; c'est ainsi qu'elle a successivement chargé plusieurs de ses membres d'étudier, soit en France, soit à l'étranger, le régime du travail, la condition des ouvriers et celle des populations agricoles. En outre, elle propose, chaque année, pour l'obtention des prix qu'elle est appelée à décerner, des sujets très divers, et elle provoque ainsi de nombreux et intéressants

(1) « La Convention les appelle d'un nom qui n'est pas leur nom véritable, mais c'est la philosophie elle-même : d'abord la philosophie sous sa forme propre, la philosophie dans son essence, ou la science des premiers *principes*, puis la *morale* qui est l'application à la conduite de l'homme, des doctrines philosophiques et la législation qui est l'application de ces mêmes doctrines à la conduite des peuples. L'économie, qui est la science des intérêts et de leur lutte indépendante, et l'histoire générale et philosophique, qui donne à l'homme le spectacle et le secret de ses fautes et de sa grandeur, complètent admirablement cet ensemble où tout se tient. La classe des sciences morales et politiques est déjà dans le projet de Mirabeau ; *elle y est à son rang*, le *premier rang et sous son nom*, le nom de section philosophique. » (Jules Simon : Une Académie sous le Directoire.)

mémoires, dont beaucoup constituent des ouvrages de grande valeur.

Depuis quelques années enfin, plusieurs donations ont mis à la disposition de l'Académie des sciences morales le moyen de récompenser, non plus seulement des livres, mais encore les actes de vertu et les services rendus à la société et à l'humanité.

TABLE DES MATIÈRES

I. — Les anciennes Académies.

L'Académie des Valois, p. 5. — L'ancienne Académie française, p. 8. — L'Académie royale des inscriptions, p. 14. — L'Académie royale des sciences, p. 18. — L'Académie royale de peinture, p. 22. — L'Académie royale d'architecture, p. 25. — La suppression des académies, p. 26.

II. — Origine et transformations de l'Institut.

Première période (1795-1803), p. 29. — Deuxième période (1803-1816), p. 38. — Troisième période (1816-1832), p. 42. — Quatrième période (1832-1895), p. 45.

III. — Organisation de l'Institut.

Les règlements, p. 47. — La fondation et les prix, p. 54. — L'installation, p. 56.

IV. — Le personnel de l'Institut.

Les académiciens titulaires, p. 60. — Les manières libres, p. 67. — Lieux d'origine des académiciens, p. 68. — Les associés étrangers, p. 70. — Les associés non résidants et les correspondants, p. 71.

V. — Les Académies.

L'Académie française, p. 74. — L'Académie des inscriptions et belles-lettres, p. 79. — L'académie des sciences, p. 83. — L'Académie des beaux-arts, p. 88. — L'Académie des sciences morales et politiques, p. 92.

Orléans. Imp. Paul Pigelet.

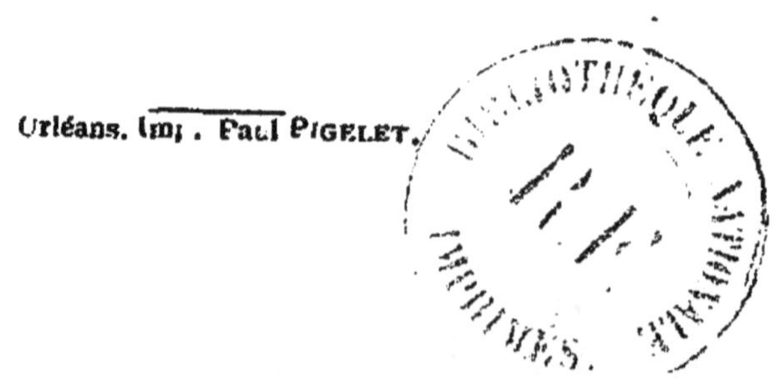

www.ingramcontent.com/pod-product-compliance
Lightning Source LLC
LaVergne TN
LVHW020405230826
846091LV00003B/1151

* 9 7 8 2 0 1 3 4 8 7 9 3 1 *